Pleyer, Privatrechtliche Fälle

SAMMLUNG PRIVATRECHTLICHER FÄLLE

für Studierende der Wirtschaftswissenschaften
und junge Juristen

von

DR. KLEMENS PLEYER
o. Professor an der Universität zu Köln

11., durchgesehene und erweiterte Auflage

C. H. BECK'SCHE VERLAGSBUCHHANDLUNG
MÜNCHEN 1984

CIP-Kurztitelaufnahme der Deutschen Bibliothek

Pleyer, Klemens:
Sammlung privatrechtlicher Fälle : für
Studierende der Wirtschaftswiss. u. junge
Juristen / von Klemens Pleyer. – 11., durchges.
u. erw. Aufl. – München : Beck, 1984.
ISBN 3-406-30385-4

ISBN 3 406 30385 4

Satz und Druck: Druckerei Georg Appl, Wemding

Vorwort zur 11. Auflage

Für die 11. Auflage habe ich die Fälle und Lösungen erneut durchgesehen und einige Aufgaben sowie die dazugehörenden Lösungen um neue, in den letzten Jahren besonders interessant gewordene Probleme erweitert. Auch die Hinweise auf Rechtsprechung und Literatur sind vermehrt worden. Dies dürfte insbesondere für die Studierenden der Rechtswissenschaft wichtig sein.
Nach wie vor sind die Lösungshinweise nicht streng nach der sog. Anspruchsmethode aufgebaut. Dies würde m. E. zu einer Überforderung der Studierenden der Wirtschaftswissenschaften führen. Im Anhang sind jedoch die Lösungen zu drei Fällen (und zwar zu den Fällen 1, 15 und 30) zusätzlich nach der Anspruchsmethode gegliedert worden. Die Studierenden der Rechtswissenschaft können diese Lösungen als Anregung nehmen, um die Lösungen zu den anderen Fällen entsprechend zu gestalten.
Für die verständnisvolle Mitarbeit an der 11. Auflage danke ich Herrn Assessor Weiser.
Köln, im August 1984 Klemens Pleyer

Aus dem Vorwort zur 2. Auflage

Die jetzige Auflage wendet sich nicht mehr nur an Studierende der Wirtschaftswissenschaften, sondern – wiewohl nur in zweiter Linie – auch an „junge Juristen“. Damit sind solche Studierende der Rechtswissenschaft gemeint, die die Vorlesungen über die hier behandelten Gebiete gerade erst gehört haben und noch nicht tiefer in den Stoff eingedrungen sind. Ihnen soll die Möglichkeit gegeben werden, anhand einiger meist einfacherer Fälle die ersten praktischen „Gehversuche“ in diesen Rechtsgebieten zu machen. Daß ein Bedürfnis besteht, dem jungen Juristen den in der Vorlesung vermittelten Wissensstoff durch die Beschäftigung mit Fällen plastischer werden zu lassen, noch bevor er tiefer in die Materie eindringt, zeigen die Kolloquien und Arbeitsgemeinschaften, die parallel zu den Vorlesungen an den meisten Universitäten veranstaltet werden. Da mir sowohl von Kollegen als auch von Studenten selbst versichert worden ist, eine Beschäftigung mit den hier gestellten Aufgaben sei als erste Einführung auch für den Studenten der Rechtswissenschaft nützlich, glaubte ich es jetzt wagen zu dürfen, sie auch dem jungen Juristen zu empfehlen. Die Fallsammlung kann und will ihm aber nur eine allererste Beschäftigung mit praktischen Fällen bieten und darf ihn daher keinesfalls davon abhalten, sich mit den schwierigeren, speziell für ihn bestimmten Sammlungen zu beschäftigen.

Aus dem Vorwort zur 1. Auflage

Will man dem Studierenden der Wirtschaftswissenschaften – einem solchen ist der Wirtschaftsingenieur, was die Einführung in die juristischen Disziplinen betrifft, gleichzustellen – Rechtsfragen nahe bringen, sind, wie ich immer wieder feststellen konnte, ein besonderer Stil und zum Teil andere Methoden nötig, als sie in der Ausbildung des angehenden Volljuristen angebracht sind. Diesen Erfordernissen versuchte ich unter Verwertung der von mir gemachten Erfahrungen bei den vorliegenden Fällen und Lösungshinweisen gerecht zu werden. Es handelt sich vorwiegend um Fälle, wie sie im Alltag, insbesondere in der Unternehmenspraxis, immer wieder vorkommen. Sie sind fast durchweg so gelagert, daß sie ohne weiteres mit Hilfe des Gesetzes selbst und der allgemein bekannten Grundbegriffe (wie positive Vertragsverletzung usw.) gelöst werden können. Eine genauere Kenntnis der Rechtsprechung oder bestimmter Meinungen aus dem Schrifttum ist nicht erforderlich. Ich habe daher auch nur sehr wenig Rechtsprechung und Schrifttum zitiert und mich dabei vor allem auf Kurzlehrbücher und Kurzkommentare beschränkt, da der Studierende der Wirtschaftswissenschaften erfahrungsgemäß Großkommentare, große Handbücher usw. doch kaum zur Hand nimmt. Weiter habe ich mich bemüht, möglichst zu jedem zentralen Problemkreis wenigstens einen Fall zu bringen und dabei durch Variationen des Sachverhaltes und der Fragen dafür zu sorgen, daß der gesamte Komplex von verschiedenen Seiten her beleuchtet werden kann. Zu den wichtigsten Fragenkreisen (z.B. zum Verhältnis Verpflichtungsgeschäft – Verfügungsgeschäft, Unterschied zwischen positivem und negativem Interesse, Mitbestimmung des Betriebsrates) liegen jeweils mehrere Fälle vor, um das Problem möglichst von allen Seiten zu erfassen.

Ein Teil der Fälle verfolgt nur den Zweck, dem Studenten zu zeigen, wie sich die gesetzliche Regelung, die er aus den Vorlesungen kennt, in der Praxis auswirkt und ihm eine Kontrolle zu geben, ob er das Gesetz verstanden hat und – als Unternehmer oder leitender Angestellter, nicht als Jurist – damit arbeiten kann. Andere Fälle hingegen haben das Ziel, den Blick des Studenten für das Verhältnis Recht – Wirtschaft zu schulen und ihm zu zeigen, wie bestimmte wirtschaftliche Anliegen (Stärkung des Kredits bei den Handelsgesellschaften, Umlauffähigkeit der Wertpapiere) vom Gesetz gelöst werden.

Inhaltsverzeichnis

Allgemeine Hinweise für die Lösung der folgenden Fälle:

Oberstes Gebot: *Präzision.* Das bedingt:

1. Der zur Lösung gestellte Sachverhalt muß *präzise* studiert und erfaßt werden, willkürliche Veränderungen und tatsächliche Unterstellungen sind nicht gestattet. (Es darf nicht ein „anderer Fall" gelöst werden.)
2. Die gestellten Fragen müssen *präzise* studiert und erfaßt werden. Von ihnen aus ist der Fall „aufzurollen". (Es dürfen nicht andere, gar nicht gestellte Fragen beantwortet werden.)
3. Die Lösung ist mit Hilfe des Gesetzes *präzise* zu entwickeln (nicht nach dem „Gefühl"). Dazu gehört, daß man das Gesetz *genau* liest und eingehend prüft, ob eine bestimmte gesetzliche Vorschrift (z.B. § 823 I BGB) auf den Fall Anwendung findet oder nicht. Hierbei ist *jede* Voraussetzung der Norm darauf zu untersuchen, ob sie vorliegt.
   Beispiel: Wird geprüft, ob ein Schadensersatzanspruch aus § 823 I BGB gegeben ist, untersucht man:
   a) ob dem Schadensersatz Fordernden wirklich ein Schaden entstanden ist (andernfalls erübrigen sich alle weiteren Erörterungen);[1]
   b) ob der in Anspruch Genommene das Leben, die Gesundheit, das Eigentum usw. des Geschädigten verletzt hat und ob der Schaden dadurch entstanden ist;
   c) ob der Schädiger rechtswidrig gehandelt hat;
   d) ob der Schädiger schuldhaft gehandelt hat.
   Erst wenn *alle* diese Voraussetzungen geprüft und bejaht sind, kann der Schadensersatzanspruch selbst bejaht werden.
4. Der Fall ist nach *allen* Richtungen hin zu prüfen. Gibt es mehrere Möglichkeiten, z.B. Schadensersatz aus Vertragsverletzung und aus unerlaubter Handlung, sind alle diese Wege nacheinander zu untersuchen.
5. Ansprüche gegen mehrere Beteiligte müssen *unbedingt getrennt* geprüft werden, z.B. zuerst die Ansprüche des A gegen

---

[1] Vielfach wird auch die Auffassung vertreten, daß die Frage, ob ein Schaden entstanden sei, erst zum Schluß geprüft werden solle.

B (etwa aus Vertrag und unerlaubter Handlung), dann die Ansprüche des A gegen C.

6. Die selbst erarbeitete Lösung soll mit den gegebenen Lösungshinweisen verglichen werden, und zwar nicht nur im Hinblick auf die Ergebnisse, sondern auch auf den Weg, der zu diesem Ergebnis führt.
7. Es empfiehlt sich, die Fälle in der von mir gewählten Reihenfolge durchzuarbeiten, da ich einige leichtere Fälle an den Anfang gestellt habe, während sich insbes. in der zweiten Hälfte auch einige schwierige Aufgaben befinden.

A. Fälle

I. Fälle aus dem Bürgerlichen Recht

Fall 1

1. Der Studienrat K hat öfter von V Textilien gekauft. Eines Tages bietet V dem K brieflich einen besonders günstigen Posten an, erhält jedoch von K keine Antwort. Da K ab und zu ähnliche Waren gekauft hat, schickt V den Posten einige Zeit später ab.
   K verweigert die Annahme. Ist er hierzu berechtigt,
   a) wenn das Schreiben des V überhaupt nicht angekommen ist?
   b) wenn K das Schreiben zwar erhalten, aber nicht beantwortet hat, weil er sich noch nicht entschieden hatte?
   c) wenn er das Schreiben erhalten und das Angebot schriftlich abgelehnt hat, sein Brief aber nicht bei V eingetroffen ist?
2. K hat das Schreiben des V erhalten und das Angebot brieflich angenommen. Der Brief ist aber nicht bei V eingetroffen. V, den das Geschäft jetzt reut, verweigert die Auslieferung der Ware, während K darauf besteht.

Fall 2

V kat K eine bestimmte Maschine verkauft und versprochen, sie am 1.12. zu liefern.

1. Die Lieferung erfolgt jedoch nicht am 1.12., weil V sie irrtümlich für den 11.12. im Terminkalender vorgemerkt hat. K mahnt am 2.12., das Versehen klärt sich, und die Maschine wird dann am 5.12. geliefert. K entsteht infolge der Verspätung ein Schaden von 500 DM.
   Haftet V für diesen Schaden?
2. Wie Fall 1, die Maschine wird jedoch überhaupt nicht geliefert, weil sie bei einem am 3.12. aus ungeklärten Gründen bei V ausgebrochenen Brand vernichtet wird. K entsteht ein Schaden von 1000 DM.

Haftet V hierfür?

3. Wie ist Fall 1 zu entscheiden, wenn die falsche Vormerkung nicht von V selbst, sondern von seinem Angestellten A vorgenommen worden ist?
4. V schuldet dem G 5000 DM Darlehen und hat sie am 1.12. zurückzuzahlen. Die Rückzahlung findet jedoch erst am 20.12. statt, weil sich die wirtschaftliche Lage des V ohne dessen Verschulden verschlechtert hat, fällige Lieferungen ausgeblieben, fällige Kaufpreisforderungen nicht eingegangen sind usw., so daß V am 1.12. nicht über genügend Geld verfügte. G entsteht durch die verspätete Zahlung ein Schaden von 250 DM.

   Haftet V für diesen Schaden?

Fall 3

K kauft am 15.6. von dem Händler V ein Fernsehgerät für 500 DM. Da V das Gerät nur gegen Barzahlung aushändigen will, einigen sich die beiden, daß K am 1.7. wiederkommmen, das Gerät bezahlen und mitnehmen solle. K erscheint am 1.7. und zahlt mit fünf raffiniert gefälschten Hundertmarkscheinen, die er an diesem Tag gefunden hatte und deren Unechtheit ihm bekannt war. V, der die Fälschung nicht erkennt, gibt ihm das Gerät mit.

V fragt an:

1. ob er von K nochmalige Zahlung verlangen könne;
2. ob der Vertrag, an dem er festhalten wolle, ihm das Recht gebe, das Gerät wieder zurückzunehmen und bei sich zu behalten, bis gezahlt sei. Es sei doch Barzahlung vereinbart gewesen, und die Lieferung sei nur deshalb erfolgt, weil er das Geld für echt gehalten habe;
3. ob er von dem Geschäft loskommen könne.

Fall 4

Der Fabrikant H bestellt bei dem Fabrikanten F eine eigens für ihn anzufertigende Maschine für 10000 DM. F verspricht die Lieferung zum 1.6.

Die Lieferung erfolgt jedoch nicht,

1. weil ein dringend benötigter Rohstoff infolge eines kurz nach

der Bestellung ausgebrochenen Krieges nicht mehr an Private geliefert wird;
2. weil die Fabrik des F von unbekannten Tätern in Brand gesteckt worden und abgebrannt ist;
3. weil der Buchhalter des F in einem Laboratoriumsraum geraucht, dadurch einen Brand verursacht hat und die Fabrik abgebrannt ist. Dem Buchhalter war ebenso wie allen anderen nicht dort beschäftigten Personen das Betreten der Laboratorien verboten. Ferner war das Rauchen in diesen Räumen generell untersagt;
4. F hat die Herstellung der Maschine nach einer bereits vorliegenden, von ihm entworfenen Konstruktion versprochen. Später stellt sich heraus, daß die Konstruktion fehlerhaft ist, so daß eine funktionierende Maschine nach dieser Konstruktion überhaupt nicht gebaut werden konnte.

Welche Ansprüche hat in den Fällen 1–4

a) H gegen F?
b) F gegen H?

Fall 5

A kauft eine bestimmte elektrische Lampe bei B. Dieser schickt den Gesellen G in die Wohnung des A, um die Lampe dort anzuschließen. Unterwegs stößt G, als er einer jungen Dame nachblickt, mit der Lampe in die Scheibe eines Verkaufskioskes. Lampe und Scheibe gehen entzwei.

1. Welche Ansprüche hat A gegen G und B?
2. An wen kann sich der Inhaber des Kioskes (K) wegen der zertrümmerten Scheibe halten?

Fall 6

X wird am 1.6. infolge eines Versehens der Polizei irrtümlich verhaftet, da man ihn mit einem gesuchten Verbrecher verwechselt.

1. X ist deshalb nicht in der Lage, eine für den 2.6. zugesagte Lieferung an Y auszuführen. Kann Y Schadensersatz fordern?
2. Am 2.6. will Z eine von ihm an X verkaufte Schreibmaschine wie vereinbart bei X abliefern. Da er X nicht antrifft, nimmt

er sie wieder mit. Auf dem Rückweg wird Z von einem Pkw angefahren. Die Maschine wird dabei vernichtet. Muß X sie bezahlen?

3. X sollte am 2.6. zur Anprobe seines Anzuges bei dem Schneider S erscheinen. Er erscheint in den nächsten Tagen nicht, da er so lange im Gefängnis festgehalten wird. Welche Rechte hätte S?
4. X erscheint wegen der Verhaftung mehrere Tage nicht zur Arbeit in der B-Bank, wo er angestellt ist. Kann X dennoch sein volles Gehalt von der B-Bank fordern?

Fall 7

Der Kfz-Händler L kauft im April 1960 von dem Fabrikanten W in Köln 5 Lkw des neuen Typs B 5. Die Lkw sollen vereinbarungsgemäß in Köln abgeholt werden.

Anfang Mai 1960 teilt W mit, die Produktion des Typs B 5 sei angelaufen und L könne 5 Lkw abholen, was L, den das Geschäft reut, jedoch nicht tut. W verlangt in der Folgezeit wiederholt erfolglos Abnahme und Bezahlung.

Im Herbst 1961 zeigt W an, die Produktion des Typs B 5 sei eingestellt und die gesamte Produktion verkauft worden. Jetzt werde der wesentlich verbesserte Typ B 6 hergestellt, der genau soviel koste wie der Typ B 5. W verlangt nun Zahlung gegen Abnahme von 5 Lkw des Typs B 6. L lehnt das ab. Er bestreitet die Verbesserung nicht, weist aber darauf hin, daß der neue Lkw infolge größeren Hubraumes mehr Kraftfahrzeugsteuer koste und einen Motor habe, der von einem dem Publikum unbekannten Hersteller stamme. Da W den Typ B 5 nicht mehr liefern wolle, brauche er (L) auch nicht zu bezahlen.

W meint, dies alles sei angesichts des Verhaltens von L unerheblich.

1. Wie ist zu entscheiden?
2. Wie ist es, wenn W erklärt, er werde 5 Lkw des Typs B 5 durch Einzelproduktion nochmals besonders für L herstellen lassen. L müsse aber für die hierbei entstehenden erheblichen zusätzlichen Kosten im Wege des Schadensersatzes aufkommen. L hingegen meint, eine Abnahme der 5 Lkw B 5 komme nur zum alten Preis in Frage.

Fall 8

V hat anläßlich einer Gartenschau dem M einige Räume in der Nähe des Festgeländes für 6 Monate zum Betrieb einer Schankwirtschaft gegen einen monatlichen Mietzins von 300 DM vermietet. M hat daraufhin 200 DM in die Werbung investiert, außerdem hat er bereits für 2000 DM Getränke usw. bezogen. Er kann damit rechnen, in den 6 Monaten 12 000 DM Reingewinn zu erzielen.

1. Kurz vor dem Fest ficht V den Vertragsabschluß an, da er in seinem schriftlichen Angebot infolge Vertippens einen zu niedrigen Preis angegeben hat, was erst jetzt bemerkt worden ist.
2. V vermietet kurz vor dem Fest die Räumlichkeiten an X und läßt diesen die Räume beziehen, weil X ihm eine höhere Miete geboten hat.
3. V hat dem M verschwiegen, daß die Räume kurz vorher von der zuständigen Behörde überprüft und als für eine Schankwirtschaft völlig ungeeignet befunden worden sind, so daß M keine Genehmigung zum Betrieb der Schankwirtschaft erhält.

Welche Rechte hat M, der keine anderen Räume mehr erhalten kann, in den Fällen 1–3 gegen V, und welche Summe könnte er ggf. von ihm verlangen?

Fall 9

1. Der in dem Unternehmen des F angestellte Kraftfahrer K fährt im Auftrage des Chefs mit dessen Lkw von Darmstadt nach Mannheim.
   Unterwegs kommt der Lkw ins Rutschen, ohne daß jedoch eine Unvorsichtigkeit des K vorläge. Dabei wird der am Straßenrand abgestellte Luxus-Pkw des G schwer beschädigt. Die Reparatur des Pkw kostet 40 000 DM. G verlangt Ersatz dieses Schadens
   a) von K
   b) von F.
2. Angenommen, K hatte vor Antritt der Fahrt reichlich Alkohol getrunken und deshalb das Fahrzeug nicht voll in der Gewalt. Die Reparatur des Pkw nimmt zwei Wochen in Anspruch. G

begehrt den Ersatz der Reparaturkosten und daneben eine Entschädigung für die während der Dauer der Reparatur entgangene Nutzung des Fahrzeugs

a) von K

b) von F.

3. Bei dem Unfall wird außerdem die Ladung des Lkw, bestehend aus Waren im Werte von 30 000 DM, die dem A gehören, völlig vernichtet.

Kann A unter den Voraussetzungen

a) des Falles 1

b) des Falles 2

jeweils Ersatz verlangen

aa) von K

bb) von F?

Fall 10

V hat dem B mündlich Vollmacht erteilt, sein Rundfunkgerät zu verkaufen. B schließt darauf namens des V einen Kaufvertrag mit K.

In den folgenden Fragen ist zu prüfen, ob K einen Anspruch auf Lieferung des Rundfunkgerätes gegen V hat.

1. K ist seit langem wegen Geistesschwäche entmündigt.
2. V ist seit langem wegen Geistesschwäche entmündigt.
3. B ist seit langem wegen Geistesschwäche entmündigt.
4. Der geschäftsfähige V hat dem geschäftsfähigen B eine Vollmachtsurkunde ausgehändigt, die Vollmacht aber dann durch mündliche Erklärung gegenüber B widerrufen. B hat jedoch trotzdem unter Vorlage der Urkunde den Kaufvertrag mit K namens des V abgeschlossen.
5. V hat dem B keinerlei Vollmacht erteilt, B hat jedoch dem K eine geschickt gefälschte, angeblich von V stammende Vollmachtsurkunde vorgelegt und den Vertrag mit K namens des V abgeschlossen.

Fall 11

Der 17jährige M wohnt und arbeitet mit Zustimmung seiner Eltern als Autoschlosser in Darmstadt, während seine Eltern bei Mannheim wohnen.

1. Kann er mit seinem verdienten Geld sein Zimmer bezahlen?
2. Kann er mit seinem verdienten Geld eine Fernsehtruhe kaufen und Eigentum daran erwerben?
3. Kann er mit seinem verdienten Geld ein DRK-Los für 50 Pf. kaufen?
   Kann er, falls er 5000 DM gewinnt, für diese 5000 DM ein Automobil kaufen?
4. Wie ist Fall 1 zu entscheiden, wenn M von zu Hause fortgelaufen ist und seit mehreren Monaten ohne Wissen der Eltern unter falschem Namen in Darmstadt arbeitet, so daß alles Suchen erfolglos war?

Fall 12

1. V bietet dem K schriftlich einen Pkw zum Verkauf an, vertippt sich jedoch und schreibt statt 3500 DM nur 3300 DM. K erklärt, er nehme das Angebot an. V übereignet darauf den Wagen an K. Als K einige Tage später bezahlen will, klärt sich alles auf. V fragt an, ob Kauf und Übereignung angesichts dieses Mißverständnisses in Ordnung seien und was er unternehmen könne.
2. A zwingt den B unter der Drohung, er werde sonst eine nicht entdeckte Straftat des B enthüllen, ihm einen Pkw zu einem stark herabgesetzten Preis zu verkaufen. Einige Tage später übereignet B den Wagen an A, der ihn sofort bezahlt. B, dessen Mut erst einige Zeit später erwacht, bittet um Prüfung, ob die abgeschlossenen Geschäfte angesichts der Erpressung in Ordnung seien und was ihm zu raten wäre.
3. K kauft von V einen bestimmten gebrauchten Pkw für 3500 DM. Einige Tage später übereignet V den Wagen an K und kassiert das Geld. Kurze Zeit darauf stellt K fest, daß er gar nicht den gekauften Wagen erhalten hat, sondern daß ihn V betrogen und statt des gekauften einen Wagen desselben Typs und derselben Farbe übereignet hat, der sich aber in schlechterem Zustand befand. K fragt, was von den abgeschlossenen Geschäften zu halten sei und welche Rechte er habe.

Fall 13

K kauft von V einen Lkw für sein Geschäft. Nach Lieferung des Wagens stellt er fest,

1. daß dieser nicht in seine Garage paßt, weil er größer ist, als er (K) angenommen hatte;
2. daß die Bremsen nicht funktionieren, was er bei der Probefahrt nicht bemerkt hatte;
3. daß er von zwei Typen gerade diejenige geliefert bekam, die er nicht haben wollte. V hatte ihm nämlich zwei Typen angeboten. Bei dem einen handelte es sich um eine ältere und daher billigere Bauart, bei dem anderen um eine neuere Bauart mit verschiedenen technischen Verbesserungen zu höherem Preis. V hatte den älteren Typ geliefert. Es stellt sich heraus, daß K, der sich für den neueren entschieden, bei seiner Bestellung die Typen verwechselt und den alten bestellt hatte.

K möchte in den Fällen 1–3 den bereits überwiesenen Kaufpreis wiederhaben. Ist dies möglich, gegebenenfalls auf welchem Wege?

Fall 14

Der Unternehmer K, Inhaber einer Werkzeugfabrik, hat einen größeren Auftrag in Aussicht. Um ggf. sofort mit der Produktion beginnen zu können, kauft er am 1.6. mehrere von ihm bezeichnete Werkzeugmaschinen von V aus dessen Lager unter der Bedingung, daß er den erwarteten Auftrag auch wirklich erhalte. Am 1.7. bekommt er diesen und fordert darauf von V die Lieferung der gekauften Maschinen. Nun stellt sich heraus, daß V am 15.6. diese an den X für einen höheren Preis verkauft, aber noch nicht ausgeliefert hat.

1. Welche Ansprüche hat K
   a) gegen V?
   b) gegen X?
2. Hat K Ansprüche
   a) gegen V
   b) gegen X,

   wenn V die Maschinen bereits an X übereignet hat?

Fall 15

V verkauft an K am 1.3. ein Grundstück für 3000 DM. K bezahlt es am 1.8. An diesem Tag wird das Grundstück übergeben und die Auflassung erklärt, am 1.9. erfolgt die Eintragung im Grundbuch.

1. Im Oktober stellt sich heraus, daß V seit längerer Zeit geisteskrank ist. Es wird ihm ein Vormund bestellt. Dieser möchte das Geschäft nicht gelten lassen. Welche Möglichkeiten hat er?
2. Wie ist die Rechtslage, wenn die Geisteskrankheit bei V erst im Juni ausgebrochen und im Oktober entdeckt worden ist?

Fall 16

Der Händler V verkauft und liefert an den K Leim für 5 DM. K verwendet den Leim bei der Möbelherstellung. Nach kurzer Zeit stellt sich jedoch heraus, daß der Leim hierfür ungeeignet ist. K kann deshalb einige Aufträge nicht pünktlich erfüllen und erleidet einen Schaden von insgesamt 100 DM.

Kann K Erstattung der gezahlten 5 DM und Ersatz für die 100 DM Schaden fordern, wenn

1. K nichts davon gesagt hat, daß er den Leim zur Herstellung von Möbeln verwenden will und V dies auch nicht gewußt hat?
2. K erklärt hat, wofür er den Leim brauche, und V gewußt hat, daß der Leim für diese Aufgabe ungeeignet sei, letzteres aber nicht erwähnt hat, um sich das Geschäft nicht entgehen zu lassen?
3. V ausdrücklich erklärt hat, der Leim eigne sich garantiert für die Möbelfabrikation?

Fall 17

K aus Marburg kauft bei V in Frankfurt eine bestimmte wertvolle Vase und läßt sie sich von V per Bahn nach Marburg senden. Der Angestellte A des V verpackt die Vase aber so mangelhaft, daß sie beim Transport zerbricht. K verweigert darauf die Bezahlung.

1. Mit Recht?

2. Wie ist es, wenn die – ordnungsmäßig verpackte – Vase abredegemäß mit einem Lkw des V nach Marburg transportiert wird und unterwegs bei einem Unfall, an dem der Lkw-Fahrer des V nicht schuldig ist, zerstört wird? Muß K dann bezahlen?

Fall 18

Der Arzt A hat von dem Händler V einen Pkw gekauft. 5 Monate später verlangt er die Wandelung des Kaufvertrages, da der Motor des Wagens nicht richtig funktioniere.

1. Es kommt zu einem Rechtsstreit, da V mit der Wandelung nicht einverstanden ist. Als dieser Prozeß einige Monate währt, kommen A Bedenken, ob er mit der Wandelung, so wie er sie begründet hat, wirklich durchkommen wird. Er erklärt deshalb, daß er die Wandelung auch auf Mängel der Bremsen stütze. Wie ist die Rechtslage?
2. Könnte A die Wandelung innerhalb der geltenden Frist auch dann verlangen, wenn ein Dritter (X) den Pkw vor der Wandelung schuldhaft angefahren und völlig demoliert hat?
3. Ist die Frage 2 anders zu entscheiden, wenn A den Wagen selbst durch zu schnelles Fahren zertrümmert hat?
4. Wie ist die Rechtslage, wenn X im Fall 2 den Wagen schuldhaft zertrümmert, nachdem A die Wandelung erklärt und V sich mit ihr einverstanden erklärt hat?
5. Angenommen, das Fahrzeug funktioniert zunächst zur Zufriedenheit des A. Zwei Jahre nach dem Kauf versagt jedoch infolge eines verborgenen Konstruktionsfehlers die Bremsanlage. A erleidet dadurch einen Unfall, bei dem ihm ein Schaden von 6000 DM entsteht. Kann A von V oder von dem Hersteller P des Fahrzeugs Ersatz verlangen?

Fall 19

1. V verkauft und überträgt an K eine Forderung von 500 DM gegen S. K bezahlt 400 DM hierfür. Darauf stellt sich heraus, daß V gar keine Forderung gegen S zustand, daß er dies nur mit gutem Grund angenommen hatte.
   Was kann K unternehmen, welche Rechtsbehelfe stehen ihm zu? Wodurch unterscheiden sie sich in ihren praktischen Auswirkungen?

2. Fall und Fragen wie zu 1, V hat jedoch den K vorsätzlich beschwindelt.
3. Wie ist es, wenn dem V zwar die Forderung gegen S zustand, S sie aber wegen völliger Vermögenslosigkeit nicht bezahlen kann? Kommt es darauf an, ob V dieser Tatbestand bekannt war?

Fall 20

Die beiden Studenten Adolar (A) und Balduin (B) mieten am 30. 10. zum 1. 11. von der Witwe N gemeinschaftlich ein Zimmer in Darmstadt. Der Mietvertrag wird in Kiel abgeschlossen, wo die beiden Frau N, welche seit längerer Zeit dort zu Besuch weilt, zufällig getroffen haben.

1. Als Adolar und Balduin am 1. 11. einziehen wollen, stellt sich heraus, daß das Zimmer in der Nacht vom 29. auf den 30. 10. durch einen leichten Zimmerbrand beschädigt worden und für die nächste Zeit unbewohnbar ist. Die beiden müssen ins Hotel ziehen, wodurch ihnen erhebliche Mehrkosten entstehen. Sie verlangen Schadensersatz von Frau N. Mit Recht?
2. Nachdem das Zimmer wieder hergestellt ist, ziehen A und B ein. A bleibt jedoch die auf ihn entfallende Hälfte der Miete für die Monate Januar, Februar und März schuldig. Frau N fordert im April diesen Betrag von B. Mit Recht?
3. Kurz darauf schlägt A eines Nachts, als er ziemlich angeheitert von einer Kneipe nach Hause kommt, das im Flur hängende Bild des verstorbenen Herrn N entzwei. Frau N verlangt Schadensersatz von A *und* B. Mit Recht?

Fall 21

V liefert an K einen Ofen für 300 DM unter Eigentumsvorbehalt. K, der Geld braucht, verkauft und übereignet einige Zeit später, noch bevor er den Kaufpreis an V gezahlt hat, den Ofen für 240 DM an X, der nichts von den Beziehungen V-K weiß. X zahlt die 240 DM an K.

1. Wie sind die Rechtsbeziehungen V-K vor der Veräußerung des Ofens an X zu beurteilen?
2. Kann V von X Herausgabe des Ofens verlangen?
3. Kann V von K die von X gezahlten 240 DM fordern?

4. Könnte K geltend machen, er habe dieses Geld verjubelt und es sei nicht mehr vorhanden?
5. Könnte V von K Ersatz des weiteren ihm entstandenen Schadens begehren?
6. Wie ist Frage 2 zu entscheiden, wenn X die Beziehungen V-K genau gekannt hat?

Fall 22

1. Der Kaufmann K übereignet dem X am 15.11. einen Lkw. Der Lkw verbleibt jedoch vorerst im Unternehmen des K und wird dort verwendet. Wie vollzieht sich eine solche Übereignung?
2. X will den Lkw, der bei K verbleibt, an die B-Bank weiter übereignen, da die Bank für die Auszahlung eines Darlehens an ihn Sicherheiten fordert. Wie hätte die Übereignung zu geschehen?
3. Würde X im Fall 1 auch dann Eigentum erwerben, wenn der Lkw dem K von dem Kfz-Händler H unter Eigentumsvorbehalt bis zur völligen Bezahlung geliefert worden, am 15.11. aber noch nicht voll bezahlt war?
4. Erwirbt die B-Bank im Fall 2 Eigentum an dem Lkw, wenn dieser (wie in Fall 3) unter Eigentumsvorbehalt an den K geliefert, aber immer noch nicht voll bezahlt war?
5. K tritt der B-Bank zur Sicherung eines ihm gewährten Darlehens alle gegenwärtigen und zukünftigen Forderungen aus dem Verkauf von Waren an Dritte ab. Anschließend liefert Zulieferer Z an K Waren, behält sich aber an diesen zwecks Sicherung seines Kaufpreisanspruchs das Eigentum vor. Zugleich ermächtigt er K, die Waren an Dritte zu verkaufen, wobei er sich die Ansprüche des K gegen die Dritten im voraus abtreten läßt.
   K verkauft die Waren an D. Wem steht der Kaufpreisanspruch gegen D zu?

Fall 23

1. V und K vereinbaren, daß V eine komplette Liftanlage für ein Bürohochhaus des K liefern, daß das Eigentum aber erst mit völliger Bezahlung des Kaufpreises übergehen soll. V liefert die Anlage und baut sie ein. Da K noch weitere Schulden hat,

soll kurz danach sein Gebäude versteigert werden. V möchte daher die Anlage auf Grund seines Eigentums sofort wieder entfernen lassen. Die anderen Gläubiger des K sind dagegen der Auffassung, die Anlage gehöre K. In wessen Eigentum steht die Anlage?

2. Zur Ausstattung seines Bürogebäudes kauft K außerdem bei W mehrere Büroschreibtische. W liefert diese bei K ab und erklärt hierbei, er behalte sich das Eigentum bis zur vollen Kaufpreiszahlung vor. K zahlt zur vereinbarten Zeit nicht. W möchte sich deshalb sofort vom Vertrag lösen und die Schreibtische zurückfordern. Kann er das?

Fall 24

1. K hat von V eine Maschine gekauft. B verbürgt sich dafür, daß K die Schuld bezahlen werde. Später stellt sich heraus, daß der Kaufvertrag gegen zwingende devisenrechtliche Vorschriften verstieß.
2. Fall wie zu 1; jedoch hat B für die Schuld des K eine Hypothek an seinem Grundstück bestellen lassen.
3. Fall wie zu 1; B hat jedoch eine Grundschuld an seinem Grundstück für die Schuld des K bestellen lassen.

In den 3 Fällen ist B der Auffassung, daß angesichts der Sachlage die Bürgschaft, die Hypothek und die Grundschuld überhaupt nicht wirksam entstanden seien. Wie ist die Rechtslage?

Fall 25

Prof. Willibald Fleißig (F) arbeitet in seinem Haus in einer ruhigen Wohngegend einer Großstadt täglich bis spät in die Nacht an einem umfangreichen wissenschaftlichen Werk. In seiner Arbeit wird er jedoch dadurch sehr gestört, daß im Nachbarhaus eine Laienkapelle jeden Abend bis in die späte Nacht probt.

1. Prof. F verlangt Unterlassung. Die Musikanten meinen, ihre Proben seien nicht minder wichtig als die Arbeiten des Herrn Professors.
2. Wie ist zu entscheiden, wenn der Nachbar G in seinem Garten eine große Mist- und Jauchegrube angelegt hat und F sich insbesondere in den Sommermonaten durch die Gerüche belästigt fühlt?

3. Wie, wenn in der Nähe von F's Haus mit behördlicher Genehmigung eine Teerfabrik errichtet worden ist und F sich durch den von ihr ausgehenden penetranten Geruch belästigt fühlt?

II. Fälle aus dem Handelsrecht

Fall 26

1. Kann der nicht im Handelsregister eingetragene H, der einen kleinen Gemüsekiosk und einen Gemüsestand am Wochenmarkt hat,
   a) einen durch Indossament übertragbaren Verpflichtungsschein ausstellen?
   b) eine wirksame Bürgschaftserklärung mündlich abgeben?
2. Wie sind die Fragen zu beantworten, wenn H
   a) Schlossermeister ist und eine kleine Reparaturwerkstatt betreibt?
   b) eine Lasttaxe unterhält?
   c) eine Personentaxe unterhält?
   d) ein großes Bauunternehmen betreibt?
3. H betreibt ein großes Landgut, zu dem ein Weinberg gehört. Er keltert den gewonnenen Wein selbst, füllt ihn in Fässer und verkauft diese an einen Großhändler. H möchte sich im Handelsregister eintragen lassen, weil er sich davon Vorteile für die Weinveräußerung verspricht. Ist dies möglich?

Fall 27

A überträgt seine Maschinenfabrik an den B. Es wird ausgemacht, daß B die alte Firma fortführen, aber nicht für die Geschäftsschulden des A haften soll, und daß auch die alten Geschäftsforderungen von A kassiert werden sollen. Alles dies soll im Handelsregister eingetragen werden.

Durch ein Versehen des Registergerichts unterbleiben jedoch alle beantragten Eintragungen sowie die entsprechenden Bekanntmachungen.

B führt ahnungslos die Fabrik unter der alten Firma fort.

1. Ein Gläubiger (G) des A macht B für eine alte Geschäftsschuld haftbar.

a) Muß B zahlen?
b) Könnte er ggf. den gezahlten Betrag von A erstattet verlangen?
c) Könnte er sonstwie Erstattung der gezahlten Summe fordern?

2. Ein Schuldner (S) des A zahlt an B, der das Geld für sich verwendet.
   a) Muß der Schuldner nochmals an A zahlen?
   b) Kann A von B den erhaltenen Betrag fordern?
   c) Kann A die ihm entgangene Summe von jemand anderem verlangen?

Fall 28

1. Der Filialleiter F des Eisenwarengeschäftes E verkauft dem Kunden K einen alten, zur Filiale gehörenden VW-Lieferwagen, der bisher für Transporte usw. verwendet wurde, da ihm der von K gebotene Preis sehr günstig erscheint.
   E hält das Geschäft für ungünstig und verweigert die Auslieferung des Wagens.Hat K Ansprüche
   a) gegen E?
   b) gegen F?
2. F kauft einen kleinen Posten Eisenwaren von dem Verwalter einer Konkursmasse für einen seiner Meinung nach sehr günstigen Preis. E verweigert die Bezahlung, da er F bei der Einstellung die Anweisung erteilt hat, keinerlei Einkäufe zu tätigen, die Belieferung der Filialen erfolge von der Zentrale aus. Der Konkursverwalter möchte klagen. Hat er Aussicht auf Erfolg?
3. Wie sind die Fälle 1 und 2 zu entscheiden, wenn dem Filialleiter Prokura erteilt war?

Fall 29

Der Textilwarengroßhändler A beauftragt den B, welcher gewerbsmäßig für andere Personen Geschäfte gegen Provision vermittelt, ihm Kunden für einen größeren Posten Stoffe zu besorgen. B vermittelt darauf einen Kaufvertrag zwischen A und X.

1. Später stellt sich heraus, daß X geschäftsunfähig ist.

2. X hat sich beim Vertragsabschluß versprochen und ficht den Vertrag deshalb an.
3. A erklärt einige Zeit nach Vertragsabschluß, er werde nur dann liefern, wenn X 3 Tage vor der Lieferung bezahle. X erklärt daraufhin empört, daß er unter diesen Umständen keinen Wert auf die Lieferung lege.

B verlangt in den Fällen 1 bis 3 die Provision für die Vermittlung des X. A verweigert diese, da X nichts gekauft habe. Wie ist zu entscheiden?

Fall 30

1. Der Steuerberater K kauft im Januar für 2000 DM von dem Händler V einen Vervielfältigungsapparat Marke XY Typ A 5 b, der kurz darauf geliefert wird. K braucht den Apparat in den nächsten Monaten nicht. Als er im Oktober ein Schriftstück vervielfältigen will, stellt er fest, daß man ihm nicht den bestellten, sondern den ähnlichen Typ A 4 b geliefert hat, der genau so viel kostet, aber nach einem anderen Verfahren arbeitet und auch andersartige Ablichtungen ergibt. K will darauf das Gerät zurückgeben und Lieferung des bestellten Apparates verlangen. Mit Recht?
2. Wie ist zu entscheiden, wenn das Versandhaus K den Apparat von V gekauft hat?

Fall 31

1. B gibt dem Kommissionär K den Auftrag, 50 Inhaberaktien der X-AG für ihn zu besorgen. K kauft 50 Aktien von D. D liefert an K.
   a) Gehören die Aktien, solange K sie noch nicht an B weitergeliefert hat, dem K, so daß sie G, ein Gläubiger des K, bei diesem (K) pfänden und sich aus ihnen befriedigen könnte?
   b) Spielt es in Frage a) eine Rolle, ob K dem B schon ein Verzeichnis der gekauften Stücke geschickt hat?
2. B hat K beauftragt, 50 Inhaberaktien für ihn zu verkaufen. K liefert sie an D.
   a) Könnte ein Gläubiger des K die Aktien bei ihm pfänden lassen, bevor K sie an D geliefert hat?

b) Könnte B unmittelbar von D Zahlung verlangen, wenn dieser noch nicht gezahlt hat?
c) Könnte G, ein Gläubiger des K, die Forderung gegen D auf Bezahlung der Aktien pfänden lassen?

III. Fälle aus dem Gesellschaftsrecht

Fall 32

I. Der Maschinenfabrikant A nimmt den Kaufmann B am 2.5. als Teilhaber in sein Unternehmen auf und betreibt mit diesem das Geschäft unter der gemeinsamen Firma A & B weiter. Am 15.6. tritt C als dritter Gesellschafter ein.

1. Einige Zeit später verlangt der Händler H von B Bezahlung einer am 1.3. an A gelieferten Schreibmaschine. Mit Recht?
2. Wie wäre zu entscheiden, wenn die Maschine am 5.6. von dem geschäftsführenden und vertretungsberechtigten A gekauft und von H geliefert worden ist?
3. B ist am 1.11. wieder ausgeschieden. Kann H von ihm Bezahlung für eine am 1.10. von dem geschäftsführenden und vertretungsberechtigten A gekaufte und von H am selben Tag gelieferte Maschine fordern?
4. Kann H

   a) im Fall 1
   b) im Fall 2

   Bezahlung von C fordern?

II. Der Patentanwalt A nimmt am 2.5. den Patentanwalt B und am 15.6. mit Zustimmung des B den C als Sozius in seine Praxis auf. Wie sind die Fälle 1 bis 4 nun zu entscheiden?

Fall 33

I. 1. Die Rechtsanwälte A und B haben sich zu einer Gesellschaft zusammengeschlossen. Der ältere A leitet die Gesellschaft und tritt auch stets für sie auf. Eines Tages fährt er mit dem Pkw zum Finanzamt, um dort eine Umsatzsteuerangelegenheit der Gesellschaft zu besprechen. Unterwegs überfährt er infolge Fahrlässigkeit den Fußgänger F und verletzt ihn erheblich. Von wem kann F Schadensersatz verlangen?

2. Wie ist zu entscheiden, wenn A und B Kaufleute sind und unter gemeinschaftlicher Firma ein großes Textilgeschäft betreiben?
3. Wie, wenn der Unfall durch den Vorstand A der X-AG verursacht worden ist? A fuhr ebenfalls zum Finanzamt, um dort eine Steuerangelegenheit der AG zu besprechen.

II. 1. A hat im Fall I. 1. eine teure Büromaschine für die Gesellschaft gekauft, obwohl A und B ausgemacht hatten, daß über den Ankauf von Maschinen beide gemeinsam zu beschließen haben.
2. Die Maschine ist im Fall I. 2. von dem Kaufmann A für das Textilgeschäft gekauft worden, obwohl ausgemacht war, daß über derartige Angelegenheiten beide Gesellschafter beschließen sollen.
3. A, Vorstand einer AG, hat für die AG eine Maschine für 50 000 DM gekauft, obwohl er dem Aufsichtsrat versprochen hatte, keine Anschaffung über 20 000 DM ohne dessen Zustimmung zu tätigen.

Frage zu II. 1 bis 3:
Wer haftet dem Verkäufer für die Bezahlung?

Fall 34

In der X-AG sind ein 1-köpfiger Vorstand und ein 9-köpfiger Aufsichtsrat vorhanden. Außerdem hat der Aufsichtsrat ein „Präsidium“ gebildet, das sich aus dem Vorsitzer und 2 Aufsichtsratsmitgliedern zusammensetzt und das in der Zeit, in welcher nicht der gesamte Aufsichtsrat versammelt ist, die Aufgaben des Aufsichtsrates wahrnehmen soll. Der Vorstand ist im Jahre 1963 für 5 Jahre bestellt worden. Ende 1967 beschließt das Präsidium des Aufsichtsrates, die Bestellung des Vorstandes um weitere 5 Jahre zu verlängern. Dieser Beschluß wird dem Vorstand vom Vorsitzenden des Aufsichtsrates mitgeteilt. Der Vorstand verbleibt darauf weiterhin im Amt und versieht die Geschäfte bis 1969. In diesem Jahre entsteht Streit zwischen dem Vorstand und der AG. Hierbei werden folgende Rechtsfragen aufgeworfen:

1. Ist die Verlängerung der Bestellung des Vorstandes im Jahre 1967 überhaupt ordnungsgemäß erfolgt?

2. Spielt es eine Rolle, daß alle Aufsichtsratsmitglieder in der Folgezeit von der Verlängerung der Bestellung erfahren haben?
3. Wirken die vom Vorstand im Jahre 1969 abgegebenen Erklärungen gegen die Gesellschaft?

Fall 35

1. In der Satzung der X-GmbH befindet sich keine Bestimmung über die Zahl der Geschäftsführer und die Art der Vertretung. A war alleiniger Geschäftsführer. Die Gesellschafter bestellen den B zum zweiten Geschäftsführer. Die Anmeldung des B zum Handelsregister unterbleibt jedoch.
   a) Kurz darauf entstehen Meinungsverschiedenheiten, ob die Gesellschaft durch A und B oder nur durch A allein vertreten werde. Wie ist diese Frage zu beantworten?
   b) Der Lieferant L hat mit der GmbH, vertreten allein durch A, einen Kaufvertrag abgeschlossen. Von der Bestellung des B hat L nichts gewußt. Ist der Vertrag für die GmbH bindend?
2. Wie Fall 1. In der Satzung steht jedoch folgende Bestimmung:
   „Die Gesellschaft hat einen Geschäftsführer".
   Wie sind nun die Fragen a) und b) zu beantworten?

Fall 36

1. A, B, C, D und E gründen eine AG. Sie erklären bei Gericht, daß auf jede Aktie 40% des Nennbetrages eingefordert und auch eingezahlt seien. Die AG wird daraufhin eingetragen. Tatsächlich hatte A auf die von ihm übernommenen Aktien noch nichts einbezahlt.
   Später fordert die AG die restlichen Einlagen ein. Sie werden, außer von A, auch erbracht.
   Danach veräußert A seine Aktien an X, dieser veräußert sie an Y, dieser an Z.
   Welche Möglichkeiten hat die AG, um die ausstehende Einlage des A zu erhalten?
2. Wie wäre es, wenn es sich um eine GmbH handelt und A weder die vor der Anmeldung bei Gericht noch die später nach der Eintragung von ihm eingeforderte Einlage erbracht hat,

seinen Anteil danach an X, dieser ihn an Y und dieser ihn an Z veräußert?

3. A verfügt über ein Kapital von 20 000 DM und über Maschinen im Werte von 10 000 DM.
   a) Kann er allein mit diesen Mitteln eine GmbH gründen?
   b) Als das Stammkapital der GmbH aufgezehrt ist, gewährt mangels anderweitiger Kreditmöglichkeiten A selbst der Gesellschaft ein Darlehen in Höhe von 5000 DM. Außerdem verbürgt er sich persönlich für die Erfüllung einer Forderung von 3000 DM des L aus Warenlieferungen an die Gesellschaft. Für die Forderung wird eine Stundung für drei Jahre vereinbart. Nach einem Jahr begleicht A als Geschäftsführer der GmbH die Forderung des L. Kurz darauf wird die Gesellschaft zahlungsunfähig.
      aa) Kann A seine Darlehensforderung als Konkursforderung anmelden?
      bb) Hat Konkursverwalter K Ansprüche gegen A?

IV. Fälle aus dem Wertpapierrecht

Fall 37

A hat eine Inhaberschuldverschreibung verloren. B findet sie und verkauft und übereignet sie an den C, dem er vorspiegelt, er habe sie rechtmäßig erworben.

1. A verlangt das Papier von C heraus. Mit Recht?
2. Wie ist zu entscheiden, wenn es sich um einen Scheck, zahlbar an A oder Überbringer, handelt?
3. Wie, wenn es sich um einen Wechsel handelt?
4. A hat dem X ein Darlehen gewährt und X hat dem A einen Schuldschein darüber ausgehändigt. Diesen Schuldschein verliert A, und B findet ihn. B spiegelt dem C vor, die Darlehensforderung sei ihm von A übertragen worden, und tritt diese unter Übergabe des Schuldscheines an C ab.
   Kann A die Herausgabe des Schuldscheins von C verlangen?

Fall 38

A hat dem Kaufmann B fünf gefälschte 100-DM-Scheine als Darlehen gegeben. Er tritt die Darlehensforderung von 500 DM an den C ab. Dieser begehrt von B Zahlung des Betrages, was B verweigert, da er inzwischen die Fälschung entdeckt hat.

1. Wie ist zu entscheiden?
2. Ist anders zu erkennen, wenn B einen Schuldschein ausgestellt, dem A ausgehändigt und dieser ihn bei der Abtretung dem C übergeben hat?
3. B hat dem A für das Geld eine Urkunde ausgehändigt, in der er sich verpflichtet, an A oder dessen Order 500 DM zu zahlen. A indossiert die Urkunde an C. Als dieser Zahlung begehrt, verweigert B im Hinblick auf die Unechtheit der von A gezahlten Scheine die Einlösung des Papiers. Wie ist die Rechtslage?
4. Wie zu 3., B hat jedoch dem A einen Schein ausgehändigt, in dem er sich verpflichtet, an den Überbringer des Papiers 500 DM zu zahlen. A hat diesen Schein an C übertragen.

Fall 39

K kauft in dem großen Kleidergeschäft des V einen Anzug, bezahlt ihn und erklärt, er werde ihn mittags abholen. Der Anzug wird für ihn bereitgelegt. Gegen Mittag holt X, der alles mit angehört hat, den Anzug ab, indem er sich gegenüber einem anderen jetzt anwesenden Verkäufer als K ausgibt.

1. Welche Ansprüche hat K gegen V?
2. Wie ist es, wenn man K mündlich erklärt hat, er werde den Anzug gegen Vorzeigen der quittierten Rechnung erhalten? K hat diese unterwegs verloren und X sie gefunden. X holt darauf unter Vorlage der Rechnung den Anzug ab.
   Welche Ansprüche hat K gegen V?
3. Wie ist zu entscheiden, wenn man den Anzug mit einer Kenn-Nummer versehen, K einen gedruckten Zettel mit der Firma und dieser Nummer ausgehändigt und erklärt hat, die Auslieferung erfolge gegen den Zettel? K hat den Zettel verloren und X ihn gefunden. X holt darauf den Anzug gegen Aushändigung des Zettels ab. Welche Ansprüche hat K gegen V?

Fall 40

1. A ist bei B angestellt. Am Zahltag bekommt er einen Scheck B's auf die C-Bank ausgehändigt. Dieser wird jedoch nicht eingelöst, da keine Deckung vorhanden ist. Welche Ansprüche hat A
   a) gegen die C-Bank?
   b) gegen B?
2. Welche Rechte hat A gegen die C-Bank, wenn deren Prokurist ihm auf Anfrage telefonisch erklärt hat, der Scheck werde eingelöst werden.
3. A erklärt, er werde die Arbeit nicht früher aufnehmen, als bis er sein Gehalt tatsächlich erhalten habe. Mit Recht?

V. Fälle aus dem Arbeitsrecht

Fall 41

Die X-GmbH, die 150 Arbeitnehmer beschäftigt, will wegen Auftragsrückgängen u.a. folgende Personen entlassen:
a) einen ihrer Geschäftsführer,
b) einen Prokuristen,
1. Welche Kündigungsfristen wären einzuhalten?
2. Muß der Betriebsrat angehört werden?
3. Die Gekündigten machen Verstöße gegen die soziale Auswahl geltend und wollen die Kündigung deshalb angreifen. Wäre dieses Vorbringen zu berücksichtigen?
4. Welches Gericht hätten die Gekündigten anzurufen?

Fall 42

H ist in der Fabrik des F als Maschinenschlosser beschäftigt. F beauftragt ihn mit dem Abladen eingetroffener Rohstoffe, da gerade für H nicht viel Arbeit vorhanden ist, die für Abladearbeiten zuständigen Arbeitnehmer nicht ausreichen, andere Arbeitnehmer nicht gewonnen werden können und das Abladen sehr drängt.
1. Ist H verpflichtet, dem Verlangen des F nachzukommen?
2. F will, nachdem H diese Arbeiten verrichtet und sogar bei die-

ser Gelegenheit über die normale Dienstzeit hinaus gearbeitet hat, dem H für diese Stunden nur den für ungelernte Arbeiter üblichen Lohn zahlen und nicht den Handwerkerlohn. Mit Recht?

3. Ist Frage 2 anders zu entscheiden, wenn F den H eines Tages fragt, ob er nach Dienstschluß zusätzlich etwas verdienen wolle, indem er beim Abladen helfe, und H darauf mit abgeladen hat?

Fall 43

A wird als Ingenieur in der Maschinenfabrik des B angestellt. B verspricht ihm ein zusätzlich zur Sozialversicherung zu gewährendes Ruhegeld von 100 DM monatlich von der Vollendung des 65. Lebensjahres an, wenn A bis zu diesem Zeitpunkt dem Betrieb des B angehöre.

1. Einige Zeit später kündigt A, weil er in einem anderen Unternehmen mehr verdienen kann. Was wird aus dem Ruhegeld-Versprechen?
2. Ein Jahr später kündigt B dem A wegen Arbeitsmangels.
   a) Ist die Kündigung zulässig?
   b) Wenn ja, was wird aus dem Ruhegeld-Versprechen?
3. B kündigt dem A einige Monate bevor die Anwartschaft des A unverfallbar wird, weil ihn das Ruhegeld-Versprechen reut.
   a) Ist eine solche Kündigung zulässig?
   b) Was wird aus dem Ruhegeld-Versprechen?
4. A ist mit Erreichung des 65. Lebensjahres aus dem Dienst des B ausgeschieden und bezieht das Ruhegeld. Kann B die Zahlungen einstellen,
   a) wenn A Geschäftsgeheimnisse ausplaudert?
   b) wenn das Unternehmen des B in wirtschaftliche Schwierigkeiten gerät?

Fall 44

Die Maschinenfabrik der A-GmbH mit insgesamt 650 Arbeitnehmern besteht aus drei, auf benachbarten Grundstücken im Zentrum der größeren Stadt X untergebrachten Komplexen. Die Abteilung A umfaßt die Verwaltung, in der Abteilung B werden Fahrräder, in der Abteilung C Motorroller hergestellt;

außerdem sind eine bei dem Umschlagbahnhof in einem Vorort gelegene große Versandabteilung sowie eine Werkzeugfabrik in der 150 km entfernten Stadt Y vorhanden.

1. Welche Organe wären zur Wahrnehmung der Arbeitnehmerinteressen zu bilden?
2. Die GmbH will
   a) in allen Betriebsstätten einschließlich der Verwaltung 10% der Arbeitnehmer wegen Auftragsmangels entlassen,
   b) die Werkzeugabteilung von Y nach dem 50 km entfernten Z verlegen,
   c) die gesamten Fabriken verkaufen.

Welche Mitwirkungsrechte der Organe aus Frage 1 wären dabei zu beachten?

Fall 45

In der Fabrik des A mit 90 Arbeitnehmern sollen die folgenden Entscheidungen getroffen werden:

1. die tägliche Arbeitszeit von 6–14 Uhr soll in 6,30–14,30 Uhr geändert werden;
2. ein Arbeiter soll eingestellt werden;
3. ein Angestellter soll entlassen werden und zwar
   a) unter Einhaltung der Kündigungsfrist, weil keine Verwendung mehr für ihn besteht;
   b) fristlos, weil er Geld unterschlagen hat;
4. das Produktionsprogramm soll geändert werden;
5. der ganze Betrieb soll stillgelegt werden.

A meint, er könne alle geplanten Maßnahmen nach seinem freien Ermessen durchführen, der Betriebsrat hingegen ist der Ansicht, ohne seine Zustimmung sei keine dieser Maßnahmen möglich.

Es ist zu prüfen, ob der Betriebsrat mitwirken muß und was zu geschehen hätte, wenn er seine Zustimmung verweigert, der Arbeitgeber die Maßnahmen aber trotzdem durchführen will.

Fall 46

Im Betrieb des Arbeitsgebers A (mit ca. 60 Beschäftigten) wird wegen Auftragsmangels nur am Dienstag, Mittwoch und Donnerstag gearbeitet. In der Woche, in die der Himmelfahrtstag fällt, verlegt A die Arbeitszeit einseitig auf die Tage Montag bis Mittwoch. Es wird auch an diesen Tagen gearbeitet. Später verlangen die Arbeitnehmer den ihnen für den Himmelfahrtstag als gesetzlichen Feiertag zustehenden vollen Lohn. A hingegen meint, sie hätten doch den Lohn für drei Arbeitstage, wie in der Woche vorher, erhalten, auch hätten sie offenbar der Verlegung zugestimmt, da alle zur Arbeit erschienen seien. Wie ist zu entscheiden?

Fall 47

A ist in der Landmaschinenfabrik X-AG als Schlosser angestellt und zugleich Betriebsratsmitglied. Zwischen den übrigen Betriebsratsmitgliedern und A kommt es zu erheblichen Streitigkeiten, die damit enden, daß der Betriebsrat den A mit Mehrheit der Stimmen ausschließt und anschließend – ebenfalls mit Stimmenmehrheit – den Rücktritt des gesamten Betriebsrates beschließt, um nach den schweren Zerwürfnissen der Belegschaft Gelegenheit zu einer Neuwahl zu geben. Kurze Zeit später wird dem A fristgemäß wegen Auftragsrückganges gekündigt.

1. A macht geltend, ihm als Betriebsratsmitglied könne nicht gekündigt werden. Der Arbeitgeber weist demgegenüber darauf hin,
   a) A sei aus dem Betriebsrat ausgeschlossen worden,
   b) außerdem habe sich dieser ja selbst aufgelöst.

   Wie ist zu entscheiden?
2. Wie wäre zu entscheiden, wenn dem A fristlos gekündigt worden wäre, weil er die Belegschaft aufhetzte, durch einen Streik die Entlassung der mit ihm verfeindeten Betriebsratsmitglieder zu erzwingen?

Fall 48

Die IG Metall hat mit dem zuständigen Arbeitgeberverband einen Tarifvertrag geschlossen, wonach u. a.

a) Arbeitsverträge schriftlich abgeschlossen werden müssen;
b) die Lohnhöhe geregelt wird;
c) Versetzungen in andere Abteilungen nur mit Zustimmung des Betriebsrates ausgesprochen werden dürfen.

1. Der dem Arbeitgeberverband angehörende Arbeitgeber A hat

den der Gewerkschaft angehörenden Arbeitnehmer B durch mündliche Abrede eingestellt.
a) Ist der Arbeitsvertrag gültig?
b) Kann B den Tariflohn fordern?

2. A versetzt den nicht der Gewerkschaft angehörenden Arbeiter C aus der Abteilung X in die benachbarte Abteilung Y. C beruft sich auf den Tarifvertrag. Mit Recht?

Fall 49

Der Maschinenschlosser A, Mitglied der zuständigen Gewerkschaft, ist in der Maschinenfabrik des B beschäftigt. B ist Mitglied des zuständigen Arbeitgeberverbandes. Dieser hat mit der Gewerkschaft einen Tarifvertrag abgeschlossen, wonach der Tariflohn für Maschinenschlosser DM 18.– pro Stunde beträgt.

1. Nach einigerZeit bekommt B Streit mit seinem Verband und tritt am 1.6. aus. B will fortan dem A nur noch einen Stundenlohn von DM 17.50 bezahlen. Mit Recht?
2. Am 1.9. läuft der Tarifvertrag ab. B erklärt darauf am 15.9. dem in derselben Weise organisierten und schon lange bei ihm beschäftigen C, er zahle in Zukunft nur noch DM 17.80 pro Stunde. C ist damit einverstanden. Wie ist die Rechtslage?
3. Der organisierte Arbeitgeber Y stellt den nicht organisierten Arbeitnehmer X gegen ein Entgelt von DM 17.40 pro Stunde ein. X verlangt später von Y die Zahlung des Tariflohnes von DM 18.– pro Stunde, da er genau die gleiche Arbeit wie die organisierten Arbeitnehmer leiste. Mit Recht?
4. Wie ist es, wenn X sich darauf berufen kann, daß Y allen übrigen nicht organisierten Arbeitnehmern außer ihm selbst den Tariflohn gewähre?

Fall 50

Der Nähmaschinenfabrikant F stellt am 1.7. die A als Arbeiterin für die Versandabteilung ein. In dem Arbeitsvertrag heißt es: „Als Probezeit gelten 4 Wochen nach Arbeitsaufnahme". Die A nimmt am selben Tag die Arbeit auf. Wenige Tage vor Ablauf der Probezeit teilt sie dem F mit, sie sei im 3. Monat schwanger. F antwortet darauf, er werde sie nicht über die Probezeit hinaus beschäftigen, was er dann auch ausführt. 2 Wochen danach erhebt die A Klage beim Arbeitsgericht auf Feststellung, daß das Arbeitsverhältnis nicht aufgelöst sei.

1. Sie meint, die Kündigung sei wegen ihrer Schwangerschaft nicht zulässig; F hingegen nimmt an, das Arbeitsverhältnis sei automatisch mit Ablauf der Probezeit beendet worden, es liege also gar keine Kündigung vor. Wie ist zu entscheiden?
2. F beruft sich weiter darauf, die A habe keinen Widerspruch erhoben und sei mit Ablauf der Probezeit ausgeschieden, darin liege jedenfalls eine einverständliche Aufhebung des Arbeitsvertrages; der spätere Widerspruch gegen die angebliche Kündigung sei daher unbeachtlich. Trifft dies zu?
3. Auf jeden Fall fechte er den Arbeitsvertrag an, da er die A bei Kenntnis der Schwangerschaft nicht eingestellt hätte. Mit Recht?
4. F will deshalb anfechten, weil die A bei der Einstellung seine ausdrückliche Frage, ob sie schwanger sei, verneint habe. Wie ist dieses Vorbringen zu beurteilen?

B. Lösungshinweise zu den Fällen in Teil A

Lösung 1

K ist nach § 433 II BGB zur Abnahme verpflichtet, wenn ein Kaufvertrag zustande gekommen ist. Voraussetzung dafür sind Angebot und Annahme (§§ 145 ff.).

1.

a) Liegt überhaupt ein Angebot vor?

Ein Angebot ist eine empfangsbedürftige Willenserklärung. Diese wird, wenn sie, wie hier, unter Abwesenden abgegeben wird, erst mit dem Zugang beim Adressaten wirksam (§ 130). Da der Brief nicht ankam, fehlt es schon am Angebot. Daher bestehen kein Vertrag und keine Abnahmepflicht.

b) Hier liegt ein Angebot nach § 130 vor.

Ist es auch angenommen?

Annahmefrist: s. § 147 II BGB.

K hat keine Annahme erklärt, da er sich noch nicht entschieden hatte, deshalb ist V auch keine solche Erklärung zugegangen.

Kann sich V auf § 151 BGB berufen? Nach dieser Vorschrift braucht die Annahme nicht *ihm gegenüber* erklärt zu werden, wenn er auf eine Annahmeerklärung verzichtet hat oder eine solche nach der Verkehrssitte nicht zu erwarten ist. § 151 befreit also nur von dem Erfordernis, die Annahme *dem Vertragspartner* gegenüber erklären zu müssen, nicht aber der Annahme überhaupt.

K hat jedoch, wie erwähnt, nicht angenommen; demnach besteht kein Vertrag und auch keine Abnahmepflicht des K.[1]

c) Die Ablehnung des Angebots durch K wird zwar nicht wirksam, da sie V nicht zugeht (§ 130),

---

[1] Das Schweigen gilt bekanntlich im allgemeinen nicht als Annahme. Über Ausnahmen – insbesondere unter Kaufleuten – s. Köhler, BGB, Allg. Teil, 18. Aufl. 1983, § 13 I 2. b; Capelle-Canaris, HandelsR, 19. Aufl. 1980, § 14 und Roth, Handels- und GesellschaftsR, 1980, § 24 2 b. Zur Problematik des Stillschweigens als Willenserklärung vgl. Fabricius, JuS 1966, S. 1, 50.

es fehlt aber auch an einer Annahme durch (empfangsbedürftige) Willenserklärung des K.
§ 151 kann nicht eingreifen, weil K (im Unterschied zu b) sogar den Willen hatte, das Angebot abzulehnen.
Das Angebot ist also nicht angenommen worden. Da kein Vertrag zustandegekommen ist, besteht keine Abnahmepflicht.

2.
Das Angebot ist wirksam geworden, die Annahmeerklärung ist nicht zugegangen.
Im Unterschied zu 1 b und 1 c hatte K aber den Willen, das Angebot anzunehmen.
§ 151 BGB kann jedoch nicht eingreifen. Da die Geschäftsbeziehungen offenbar unregelmäßig waren, kann man weder auf einen Verzicht i. S. des § 151 BGB schließen, noch kann man annehmen, daß eine Erklärung gegenüber V nach der Verkehrssitte nicht zu erwarten war.
Also ist die Annahme des Angebots nicht wirksam geworden, das Angebot ist gemäß § 147 II erloschen.
Holt K jetzt die Annahme nach, gilt sie nur als neues Angebot, das V ablehnen kann (§ 150 I). Da kein Vertrag zustande gekommen ist, besteht keine Lieferungspflicht des V.
Ausführlichere Lösung nach der Anspruchsmethode s. Anhang, S. 169.

Lösung 2

1.
Haftung aus Verzug gemäß § 286 I BGB?
Da ein bestimmter Lieferungstermin vorgesehen ist, kommt V gemäß § 284 II S. 1 BGB am 1. 12. auch ohne Mahnung in Verzug, sofern er gemäß § 285 BGB die Verspätung zu vertreten hat.
Gemäß § 276 I BGB hat V Vorsatz und Fahrlässigkeit zu vertreten. Er handelte fahrlässig, als er den Termin nicht richtig notierte.
Folglich muß er K den entstandenen Schaden ersetzen.

2.
Hier ist die Lieferung der verkauften Maschine unmöglich geworden.

Schadensersatzpflicht des V gemäß §§ 440, 325 I BGB?
Hat V den Untergang zu vertreten?
An dem Brand selbst ist er unschuldig.
Da er sich jedoch zu dem Zeitpunkt, als der Brand entstand, in Verzug befand (vgl. Frage 1), haftet er gemäß § 287 S. 2 BGB auch für den zufälligen Untergang. Die Maschine wäre nicht untergegangen, wenn V sie termingerecht geliefert hätte. V haftet daher auf Schadensersatz.

3.
§ 286 I BGB?
Ist Verzug eingetreten? Vgl. Frage 1.
§ 285 BGB?
Diesmal hat V nicht selbst schuldhaft gehandelt.
Haftet er für das Verschulden des A gemäß § 278 BGB?
Die Verpflichtung zur ordnungsgemäßen Erfüllung des Vertrages umfaßt alles, was der Schuldner tun muß, um pünktlich leisten zu können, also auch das Notieren des Liefertermins.
V hat somit den A mit in die Erfüllung eingeschaltet, er bediente sich seiner zur Erfüllung der Verbindlichkeit gegenüber K.
A ließ in Ausführung dieser Erfüllungshandlung die nötige Sorgfalt außer acht (§ 276 BGB).
V haftet also für ihn gemäß § 278 BGB und muß daher dem K gemäß § 286 BGB Schadensersatz leisten.

4.
§ 286 I BGB?
Verzugsvoraussetzungen wie oben.
Hat V die Verspätung zu vertreten? Er hat es wohl nicht an der erforderlichen Sorgfalt fehlen lassen.
Gemäß § 279 BGB hat er jedoch bei Gattungsschulden, also auch bei Geldschulden,[1] für die unterbliebene Leistung selbst dann einzustehen, wenn ihn kein Verschulden trifft, sofern nur die Leistung aus der Gattung überhaupt noch möglich ist (solan-

---

[1] Die Anwendbarkeit des § 279 BGB auf Geldschulden ist bestritten, vgl. Palandt-Heinrichs, BGB, 43. Aufl. 1984, § 279, Anm. 1 b cc. Nach der Gegenmeinung sind Geldschulden Wertschulden. Gemäß dem Grundsatz, daß jeder Schuldner für seine finanzielle Leistungsfähigkeit einzustehen hat, haftet der Schuldner jedoch auch nach dieser Meinung verschuldensunabhängig für die Erfüllung einer Geldschuld.

ge es also noch deutsches Geld gibt). § 279 BGB scheint seinem Wortlaut und seiner Stellung im Gesetz nach nur den Fall des „Unvermögens" (der dauernden subjektiven Unmöglichkeit) zu betreffen. Wegen Gleichheit der Interessenlage ist die Vorschrift jedoch auch auf den Verzug anzuwenden.[1]
V hat also die Verspätung zu vertreten, befindet sich somit im Verzug und muß dem G den Verzugsschaden ersetzen.

Lösung 3

1.
Anspruch des V gegen K aus § 433 II BGB?
K hat zwar dem V das Eigentum an den gefälschten Geldscheinen gem. § 929 BGB verschafft, er war jedoch verpflichtet, mit echtem Geld zu bezahlen (geschuldete Leistung i.S.v. § 362 BGB).
Da dies nicht geschehen ist, kann V von K 500 DM verlangen. Das wäre die erste wirksame Zahlung und nicht eine „nochmalige".

2.
Zwar durfte V gemäß § 320 BGB seine Leistung bis zur Gegenleistung zurückbehalten. Das Gesetz geht aber nicht so weit, daß es anordnet, der Verkäufer, der in Erwartung der Gegenleistung schon geliefert hat, dürfe bei Ausbleiben des Kaufpreises die gelieferte Sache zurückverlangen und dann bei sich behalten, bis er die Gegenleistung wirklich erhält. Ihm bleibt vielmehr dann nur der Anspruch auf die Bezahlung. (Vgl. auch § 813 BGB.) Ein vertraglicher Anspruch auf Rückgabe besteht also nicht.

Hier kann V das Gerät jedoch aus einem anderen Grund herausverlangen. Ein vertraglicher Rückgabeanspruch ist nicht gegeben, wenn V freiweillig vorleistet und damit auf sein Zurückbehaltungsrecht verzichtet. K hat jedoch eine arglistige Täuschung begangen, so daß V die Übereignung des Gerätes (§ 929 BGB) nach § 123 BGB anfechten und nach § 985 BGB das Gerät herausverlangen könnte. Auf § 986 BGB kann sich K hier nicht berufen, da er ein Recht auf das Gerät nur hat, wenn er seine eigene Leistung erbringt oder wenn V bewußt auf die Durchsetzung seines Zurückbehaltungsrechts durch Vorleistung verzichtet hätte. V könnte gleichfalls die Rückübereignung des Gerätes nach § 823 II BGB i.V. mit § 263 StGB – Betrug – und nach § 826 BGB fordern (Naturalrestitution § 249 BGB). Auch hier entfällt

[1] RGZ 75, 335 (337); Medicus, Bürgerl. Recht, 11. Aufl. 1983, Rz. 267.

die Rechtswidrigkeit aus den gleichen Gründen nicht deshalb, weil K einen Anspruch auf Lieferung der Sache hatte.
Etwas anderes gilt beim Kauf unter Eigentumsvorbehalt (§ 455 BGB). Hier wird, wenn der Käufer nicht pünktlich leistet, die Rücknahme der Sache durch den Verkäufer bis zur vollständigen Zahlung zugelassen. Handelt es sich jedoch um einen Abzahlungskauf, gilt die Rücknahme der Sache auf Grund des Eigentumsvorbehaltes durch den Verkäufer als Rücktritt vom Vertrag (§ 5 AbzG).

3.
Es handelt sich in Wahrheit um 3 Geschäfte:
a) den Kaufvertrag,
b) die Übereignung des Gerätes und
c) die hier nicht interessierende Übereignung des gefälschten Geldes.
V möchte sich offenbar vom Kaufvertrag lösen. K hat seine Leistung am 1.7. nicht erbracht. Er ist nach §§ 284 II S. 1 und 285 BGB in Verzug geraten.
V kann jedenfalls gemäß § 326 BGB eine angemessene Nachfrist setzen und dann vom Vertrag zurücktreten.
Durch die Hingabe des Falschgeldes hat K außerdem so schwer gegen den Vertrag verstoßen, daß dem V ein Festhalten am Vertrag überhaupt nicht mehr zuzumuten ist. Das Verhalten des K stellt sich als sog. positive Vertragsverletzung[1] dar, die V in entsprechender Anwendung von § 326 BGB zum sofortigen Rücktritt (ohne Fristsetzung!) berechtigt.
(Keine Anfechtung des Kaufvertrages gemäß § 123 BGB, da K am 15.6. nicht getäuscht hat.)

Lösung 4

1.
a) Ansprüche des H gegen F.
§ 651 I BGB? (Herstellung, Übergabe und Übereignung der Maschine?)
Werklieferungsvertrag (die Maschine ist aus einem zu beschaffenden Stoff herzustellen) über eine nicht vertretbare Sache (§ 91 BGB). Gemäß § 651 I S. 2 Halbs. 2 BGB findet zum Teil Kaufvertrags-, zum Teil Werkvertragsrecht Anwendung.

---

[1] Vgl. Hirsch-Pleyer, Einf. in das bürgerl. Vermögensrecht, 6. Aufl. 1975, S. 161 f.; Medicus, Bürgerl. Recht, 11. Aufl. 1983, Rz. 306 ff.; Lüderitz, StudK BGB, 2. Aufl. 1979, Vor § 275, Anm. II.

Ist die Verpflichtung des F nach § 275 BGB erloschen? Unmöglichkeit?

§ 275 I BGB meint die sog. nachträgliche *objektive* Unmöglichkeit.

Z.Zt. kann niemand den Rohstoff liefern (vgl. § 279 BGB). Zwar wird der Krieg nur begrenzte Zeit dauern. Der Abnehmer kann sich aber nicht auf eine zeitlich nicht näher begrenzte Lieferung einstellen. Die zeitweilige Unmöglichkeit muß hier der endgültigen Unmöglichkeit gleichgestellt werden, da ungewiß ist, wann das Leistungshindernis fortfallen wird, und da die vielleicht erst viel später mögliche Abnahme dem Besteller nicht zuzumuten ist.

F ist also von der Lieferpflicht frei geworden.[1]

(Die Frage, ob Unmöglichkeit vorliegt, ist also unter Heranziehung wirtschaftlicher Erwägungen zu entscheiden und nicht nach logischen Gesichtspunkten.)

b) Ansprüche des F gegen H auf Vergütung (§§ 651 I, 631 I). Die Unmöglichkeit ist weder von H noch von F zu vertreten, F verliert den Anspruch auf die Gegenleistung (§ 323 I BGB).

2.

Hier liegt keine objektive Unmöglichkeit, sondern nur (subjektives) Unvermögen des F vor (die Leistung könnte von anderen Personen erbracht werden).

In § 275 II BGB wird die nachfolgende subjektive Unmöglichkeit (= Unvermögen des Schuldners) der objektiven gleichgestellt. Wiederum ist fraglich, ob dauerndes Unvermögen vorliegt, obwohl die Fabrik wieder aufgebaut werden kann und die Lieferung dann möglich sein wird.

Auch hier aber wird es dem H nicht zuzumuten sein, so lange zu warten. Es ist also eine von F nicht zu vertretende subjektive Unmöglichkeit[2] zu bejahen.

Dieser wird daher frei (§ 275 I und II BGB), verliert aber auch den Anspruch auf die Gegenleistung (§ 323 BGB).

---

[1] Vgl. RGZ 42, 114 (115); 146, 60 (66); 158, 321 (331); BGHZ 83, 197 (200 f.) = BGH NJW 1982, 1458; Larenz, Lehrb. d. SchuldR, Bd. I, 13. Aufl. 1982, § 21 I a.

[2] Vgl. RGZ 42, 114 (115); 146, 60 (66); Medicus, Bürgerl. Recht, 11. Aufl. 1983, Rz. 291.

3.

Ansprüche des H gegen F.

§ 275 BGB? Hat er das Unvermögen zu vertreten?

Eigenes Verschulden des F (§ 276 BGB) liegt wohl nicht vor. (Man könnte immerhin daran denken, daß F zu Überwachungsmaßnahmen verpflichtet war und diesen Pflichten schuldhaft nicht nachgekommen ist. Der Sachverhalt sagt jedoch zu wenig darüber.)

§ 278 BGB? Ist der Buchhalter Erfüllungsgehilfe *in bezug auf den Werklieferungsvertrag* mit H?

Unter „Verbindlichkeit" i. S. des § 278 BGB versteht man zwar nicht nur die eigentliche Leistungspflicht, sondern ebenso auch Nebenpflichten (Obhutspflichten usw.). F oblag u. a. die Nebenpflicht, die Vertragserfüllung nicht zu stören.

Der Buchhalter hat zwar die Erfüllung schuldhaft vereitelt, aber nicht jeder Angehörige des Unternehmerpersonals ist Erfüllungsgehilfe. Erforderlich ist vielmehr eine bestimmte Beziehung des Mitarbeiters zu der zu erbringenden Leistung, die Hilfsperson muß mit Willen des Schuldners irgendwie in die Erfüllung (der Hauptpflicht oder wenigstens in die Wahrnehmung der Nebenpflichten) eingeschaltet sein.

Der Buchhalter hatte aber nichts mit der Erfüllung des Vertrages H-F zu tun. Ihm war sogar verboten worden, die Laboratoriumsräume zu benutzen. Es ist also kein Zusammenhang zwischen seinem Aufgabenkreis und der Vertragserfüllung vorhanden, er ist also nicht Erfüllungsgehilfe.[1]

F hat folglich die Unmöglichkeit nicht zu vertreten und wird daher frei.

4.

Der Vertrag war auf eine objektiv unmögliche Leistung gerich-

---

[1] Vgl. RGZ 103, 372 (373); BGHZ 23, 319 (323); Erman-Battes, BGB, 7. Aufl. 1981, § 278, Rz. 14 ff.; Larenz, Lehrb. d. SchuldR, Bd. I, 13. Aufl. 1982, § 20 VIII; Kupisch, JuS 1983, 817 (823 f.). Vereinzelt werden jedoch weitere Auffassungen vertreten. (Vgl. z. B. Esser-Schmidt, SchuldR, Bd. I, 6. Aufl. 1984, § 27 I 3. b und Soergel-Schmidt, BGB, 10. Aufl. 1967, § 278, Rz. 1–3.) Da sich der Schuldner bei Erbringung der Leistung der Tätigkeit Dritter bedienen könne, müsse er für das Verhalten der Gehilfen einstehen. Jeder, der in dem betreffenden Interessenbereich für den Schuldner tätig sei, könne von Fall zu Fall Erfüllungsgehilfe werden. Man spricht vom „funktionsbedingten Erfüllungsdiener" (Esser-Schmidt, a. a. O.).

tet und daher nichtig (§ 306 BGB). Vertragliche Ansprüche scheiden somit aus.
Wohl aber käme gemäß § 307 BGB ein Ersatzanspruch auf das sog. negative Interesse[1] in Frage, der aber dem H nicht genügen wird. Er würde nämlich dann nur so gestellt, wie er stände, wenn F sich nicht zu diesem Vertragsabschluß bereit gefunden hätte. Ersatz des mit Hilfe der Maschine zu erzielenden Gewinnes könne H also nach § 307 BGB grundsätzlich nicht verlangen, da er diese Maschine nicht bekommen hätte, wenn der Vertrag nicht abgeschlossen worden wäre.[2]
H möchte wohl so gestellt werden, als ob F *den Vertrag ordnungsgemäß erfüllt, ihm also die Maschine rechtzeitig und ohne Fehler geliefert hätte.* Ihm ist also am sog. positiven Interesse gelegen.
(Den Ersatz dieses Interesses erkennt das Gesetz nur zu, wenn ein einwandfreier Vertragsabschluß vorliegt, nicht aber, wenn, wie hier, der Vertrag nichtig ist.)
Der Sachverhalt legt nahe, daß man in dem Verhalten des F, der dem H seine Konstruktion vorlegt und verspricht, die Maschine danach herzustellen, ein (von H angenommenes) Garantieversprechen erblickt, wonach F vertraglich die Haftung dafür übernimmt, daß die Leistung wirklich erbracht werden kann. Aus diesem Vertrag, der rechtlich einwandfrei ist, haftet F auf das positive (Erfüllungs-) Interesse.
Er muß den H also im Wege des Schadensersatzes zu stellen, als ob er die Maschine ordnungsgemäß geliefert hätte, so daß H planmäßig mit ihr hätte arbeiten können. Hätte F ordentlich erfüllt, müßte H die Maschine – wie vereinbart – bezahlen. Die Gegenleistung des H ist also von seinen Ansprüchen abzuziehen.

Beachte: *Die Haftung für Erfüllungsgehilfen (§ 278 BGB) bewirkt, daß der Großunternehmer, der sich nur mit der Organisation der Arbeit u. ä. beschäftigt, für schuldhafte Fehler seiner Mitar-*

---

[1] Vgl. Hirsch-Pleyer, Einf. in das bürgerl. Vermögensrecht, 6. Aufl. 1975, S. 137 u. 72; Lüderitz, StudK BGB, 2. Aufl. 1979, §§ 306–308, Anm. III 2 und Anm. 5 Vor § 249.
[2] Einzelheiten s. bei Fall 8.

beiter bei der Produktion, bei der Lieferung, bei der Ausführung von Reparaturen u. ä. in der gleichen Weise haftet wie ein kleiner Unternehmer, der alle anfallenden Arbeiten selbst verrichtet. Das Gesetz wird aber überwiegend so ausgelegt, daß der Gehilfe des Unternehmers in die Erfüllung einer konkreten Verbindlichkeit gegenüber einer bestimmten Person eingeschaltet sein muß. § 278 BGB begründet also keine allgemeine Haftung für das gesamte Personal ohne Rücksicht auf das Verhalten zu einer bestimmten Pflicht. Eine solche Haftung erschien als zu weitgehend und wurde nur ausnahmsweise angeordnet. So haftet der Frachtführer nach § 431 HGB schlechthin für seine Leute, der Eisenbahnunternehmer nach § 456 HGB für seine Bediensteten. Diese strengere Haftung wird damit gerechtfertigt, daß bei der Beförderung zahlreiche Hilfspersonen hinzugezogen werden und Gefahren für das beförderte Gut schaffen können, ohne daß sich der Aufgabenbereich dieser Gehilfen ganz genau abgrenzen und eine Beziehung zu einer bestimmten Verbindlichkeit eindeutig feststellen ließe. Dies erfordere eine strengere Haftung des Unternehmers.

Ähnliche Situationen entstehen aber nicht nur bei der Beförderung, sondern auch bei anderen Verträgen. Die von dem geltenden Gesetz sonst abgelehnte generelle Einstandspflicht des Unternehmers für sein Personal erscheint also durchaus erwägenswert. Freilich müßte dann auch geprüft werden, ob eine solche weite Haftung nicht auf bestimmte Höchstsummen o. ä. beschränkt werden müßte (wie z. B. § 430 HGB, § 85 Eisenbahn-Verkehrsordnung = EVO).

Lösung 5

1.

a) Ansprüche des A gegen G.

Vertragliche Ansprüche kommen nicht in Betracht, da keine vertraglichen Beziehungen bestehen.

§ 823 I BGB?

A war wohl noch nicht Eigentümer der Lampe (Übereignung nach § 929 BGB ist noch nicht erfolgt, sondern sollte erst in der Wohnung des A stattfinden), also liegt keine Eigentumsverletzung vor.

Verletzt worden ist nur der Lieferungsanspruch des A aus dem Kaufvertrag. Dieser aber ist nur ein obligatorisches Recht und fällt daher nicht unter die „sonstigen Rechte“ i. S. des § 823 I BGB.

b) Ansprüche des A gegen B.

§ 440 I i. V. m. § 325 I BGB?

Die Lieferung der Lampe ist, da diese nach Abschluß des Kaufvertrages zerstört wurde, nachträglich objektiv unmöglich geworden.

Hat B dies zu vertreten? Eigenes Verschulden (§ 276 BGB) scheidet aus.

B hat sich jedoch des G bedient, um seine Verpflichtung aus dem Kaufvertrag zur Übereignung und Anschließung der Lampe zu erfüllen.

G hat hierbei schuldhaft, und zwar fahrlässig (§ 276 BGB), die Unmöglichkeit herbeigeführt. B haftet also für das Verschulden des G nach § 278 BGB und muß dem A gemäß § 325 Schadensersatz wegen Nichterfüllung leisten.

A könnte auch, wenn er kein Interesse am Schadensersatz hat, vom Vertrag zurücktreten. (S. auch § 325 I S. 3 BGB.)

Nicht anwendbar ist § 447 i. V. mit § 446 BGB.
Er regelt nur die Frage, ob der Käufer den Kaufpreis zahlen muß, sagt also nichts zu unserer Frage, ob A Ansprüche gegen B hat.
Weiter liegt auch nicht – wie in § 447 i. V. m. § 446 BGB vorausgesetzt – ein zufälliger, sondern ein von B zu vertretender Untergang der Sache vor.
Außerdem dürfte es sich auch nicht um einen Versendungskauf i. S. des § 447 BGB handeln. Da die Lampe in der Wohnung des A angeschlossen werden sollte, dürfte nach der Natur des Schuldverhältnisses der Erfüllungsort in der Wohnung des A belegen sein (vgl. § 269 BGB). Es handelt sich also um eine sog. Bringschuld.[1]

§ 831 I BGB?

Wenn B nach dieser Vorschrift haften soll, muß G den Tatbestand einer unerlaubten Handlung i. S. der §§ 823 ff. BGB in rechtswidriger (nicht aber auch in schuldhafter) Weise verwirklicht haben. Dies steht zwar nicht ausdrücklich im Gesetz, ergibt sich jedoch zwingend daraus, daß § 831 im Abschnitt „Unerlaubte Handlungen“ steht. Er regelt die Haftung des Geschäftsherrn für die Delikte seiner Verrichtungsgehilfen, nicht etwa eine Haftung für Vertragsverletzungen o. ä.[2]

Wie oben festgestellt, hat G ein Delikt i. S. der §§ 823 ff. BGB ge-

---

[1] Vgl. Palandt-Heinrichs, BGB, 43. Aufl. 1984, § 269, Anm. 3 a; Lüderitz, StudK BGB, 2. Aufl. 1979, § 269, Anm. 1–5.

[2] Vgl. dazu auch Kupisch, JuS 1984, 250 ff.

gen A nicht begangen, somit scheidet auch eine Haftung des B aus § 831 aus.

2.

a) Ansprüche des K gegen G.

G hat das Eigentum des K, ohne hierzu berechtigt zu sein, fahrlässig beschädigt und dadurch einen Schaden verursacht (§ 823 I BGB). Er muß gemäß §§ 249ff. diesen Schaden ersetzen.

b) Ansprüche des K gegen B.

§ 831 I? G hat ein Delikt gegen K begangen (siehe oben). B hat den G zum Transport der Lampe, also zu einer Verrichtung bestellt.

In Ausführung dieser Verrichtung (beim Transport) hat G dem K widerrechtlich einen Schaden zugefügt.

B haftet jedoch nur dann, wenn er sich nicht gemäß § 831 I S. 2 BGB freibeweisen (exculpieren) kann. Wahrscheinlich wird ihm jedoch der Exculpationsbeweis dahingehend, daß er G sorgfältig ausgesucht habe, gelingen.

Eine Pflicht, den Transport der Lampe durch G zu leiten, d.h. zu überwachen, wird man angesichts dessen, daß die übertragene Verrichtung einfacher Natur ist, kaum bejahen können.

c) Ansprüche des K gegen A.

§ 831 BGB?

B ist selbständiger Unternehmer, der nicht irgendeiner Leitung durch A unterliegt, er ist daher nicht Verrichtungsgehilfe des A. Auch auf die Tätigkeit des G kann A durch Leitungsmaßnahmen keinerlei Einfluß ausüben. G ist daher nicht Verrichtungsgehilfe des A.[1]

Beachte: *Im Rahmen des § 278 BGB haftet der Schuldner für jedes Verschulden der Hilfskräfte, die er zur Erfüllung seiner Verbindlichkeit heranzieht. § 278 betrifft vor allem die vertragliche Haftung.*

Im Rahmen des § 831 BGB haftet der Geschäftsherr für Delikte seiner Gehilfen nur, wenn ihm ein eigenes Verschulden bei der Auswahl, Leitung o.ä. zur Last fällt.

Diese unterschiedliche Regelung wird wie folgt gerechtfertigt: Wer

---

[1] Vgl. RGZ 86, 424 (432); BGHZ 45, 311 (313); Brox, Bes. SchuldR, 11. Aufl. 1984, § 36 A I 1.a, Rz. 474; Medicus, Bürgerl. Recht, 11. Aufl. 1983, Rz. 811.

bereits Schuldner ist, etwa aus einem Vertrag, der schuldet eine bestimmte Leistung. Erbringt er sie nicht selbst, sondern schaltet er Hilfspersonen ein, muß er für diese in der gleichen Weise einstehen wie für eigene Fehlleistungen (§ 278 BGB). Im Rahmen des Deliktrechts, zu dem auch § 831 BGB gehört, kommt es auf eine bereits bestehende Verpflichtung, die der Geschäftsherr zu erfüllen hat, nicht an.

In unserem Fall hat B keinerlei Verpflichtung gegenüber K. Wenn ein Gehilfe des Geschäftsherrn (des B) einem Unbeteiligten, der in keinerlei Rechtsbeziehungen zu dem Geschäftsherrn steht (hier K), einen Schaden zufügt, so kann sich der Geschädigte im allgemeinen nur an den Schädiger selbst (also an G) halten. Es besteht nach Ansicht des Gesetzes keinerlei Veranlassung, den Geschäftsherrn zur Begleichung dieses Schadens heranzuziehen. Ein solcher Rechtsgrund ist nur dann vorhanden, wenn er den Gehilfen nicht genügend sorgfältig ausgewählt oder wenn er ihn mangelhaft geleitet hat. Dann ist der eingetretene Schaden mit auf das Verschulden des Geschäftsherrn zurückzuführen, dieser haftet auf Schadensersatz (§ 831 BGB).

Es ist allerdings geplant, § 831 BGB dahingehend zu ändern, daß der Geschäftsherr ohne Exculpationsmöglichkeit für unerlaubte Handlungen seines Verrichtungsgehilfen haften soll.

Beachte *ferner: Schmerzensgeld (§ 847 BGB) kann der Geschädigte vom Geschäftsherrn nur über § 831 BGB, nicht aber auch über § 278 BGB verlangen.*

Lösung 6

1.

§ 286 (Verzögerungsschaden) oder §§ 440, 326 (Schadensersatz wegen Nichterfüllung) i.V.m. §§ 433, 284 ff. BGB?

Es liegt wohl ein Kaufvertrag vor.

Ist X im Schuldnerverzug? Er hat bei Fälligkeit (2.6.) nicht geleistet. Eine Mahnung (§ 284 I) ist nicht nötig, da für die Leistung eine Zeit nach dem Kalender bestimmt war, § 284 II.

X ist nach § 285 jedoch nicht im Schuldnerverzug, wenn seine Leistung infolge eines Umstandes, den er nicht zu vertreten hat (§ 276), unterblieben ist.

X leistete nicht, weil er verhaftet wurde. Einen solchen versehentlichen staatlichen Eingriff hat er nicht zu vertreten.

Es liegt also kein Verzug vor: Kein Schadensersatzanspruch.

2.
§ 433 II BGB?
Die Lieferung der Maschine ist unmöglich. Dies haben weder Z noch X zu vertreten. X wäre also gemäß § 323 I von der Zahlungspflicht freigeworden, es sei denn, daß er sich bei Eintritt der Unmöglichkeit im Annahmeverzug befunden hätte. Dann könnte Z nach § 324 II den Kaufpreis verlangen.
Die Leistung wurde X tatsächlich angeboten (§ 294). Da er sie nicht abnahm, kam er in Annahmeverzug (§ 293). Ist die Lieferzeit wie hier fest bestimmt, kommt der Gläubiger auch bei nur vorübergehender Annahmeverhinderung in Verzug, arg. aus § 299 BGB. Verschulden ist hier – anders als beim Schuldnerverzug – nicht notwendig.
X muß also gemäß § 324 II[1] den Kaufpreis zahlen.

3.
Der zwischen X und S geschlossene Vertrag ist entweder ein Werklieferungsvertrag (§ 651) oder ein Werkvertrag (§ 631), je nachdem, ob S oder X den Stoff besorgen sollte. In beiden Fällen finden aber die Vorschriften des Werkvertragsrechts Anwendung. (Stellt X den Stoff, gemäß §§ 631 ff., wenn hingegen S auch den Stoff liefert, gemäß § 651 I S. 2 Halbsatz 2.)
Die Teilnahme an der Anprobe ist für X eine „Gläubigerobliegenheit“.[2] X kommt, weil er nicht zur Anprobe erschienen ist, in Annahmeverzug (§ 293). Auf ein Verschulden kommt es hierbei nicht an (s. oben). S kann also eine angemessene Entschädigung verlangen (§ 642 I).
Er kann X auch eine angemessene Frist zur Nachholung der Handlung setzen und erklären, daß er den Vertrag kündige, wenn X nicht zur Anprobe erscheine. Erscheint X auch dann nicht, so gilt der Vertrag als aufgehoben (§ 643). S hätte dann Anspruch auf eine Teilvergütung (§ 645 I S. 2).[3]

---

[1] Vgl. auch § 300 II (Gefahrübergang) und dazu Palandt-Heinrichs, BGB, 43. Aufl. 1984, § 300, Anm. 3; Medicus, Bürgerl. Recht, 11. Aufl. 1983, Rz. 261.
[2] BGHZ 11, 80 (83); 50, 175 (178 f).
[3] Für eine weitergehende Haftung gem. § 645 II wegen Verschuldens bestehen keine Anhaltspunkte.

4.
X hat mit der B-Bank einen Dienstvertrag geschlossen (§ 611). Es greift daher nicht § 323 I BGB ein (die Unmöglichkeit der Dienstleistung ist nicht von X zu vertreten, so daß er frei würde, aber auch den Anspruch auf das Entgelt verlöre), sondern die Sonderregelung des § 616 I BGB. X ist nur vorübergehend und schuldlos durch einen in seiner Person liegenden Grund an der Arbeitsleistung verhindert.
Die Bank muß also zahlen.[1] Sie kann allerdings (entweder aus § 255 BGB oder aus dem Gesichtspunkt der Treuepflicht) Abtretung eines etwaigen Anspruches des X gegen den Staat (Art. 34 GG, § 839 BGB) verlangen.

Lösung 7

1.
W begehrt Zahlung gegen Abnahme. §§ 651 I, 433 II BGB?
W und L haben einen Werklieferungsvertrag (§ 651 BGB) abgeschlossen. W hat sich verpflichtet, 5 Lkw aus von ihm zu beschaffenden Stoffen selbst herzustellen.
Da die Lkw serienmäßig hergestellt werden und keine besonderen Individualisierungsmerkmale aufweisen, sind sie vertretbare Sachen i. S. des § 91 BGB. Gemäß § 651 I S. 2 Halbs. 1 findet daher ausschließlich das Kaufvertragsrecht Anwendung.
Ist L von der Zahlungsverpflichtung frei geworden, weil W sämtliche Lkw verkauft hat?
In Frage kommen die Vorschriften über die Unmöglichkeit (§§ 323 ff. BGB).
Die Zahlungspflicht des L bliebe bestehen, wenn eine Unmöglichkeit vorläge, die entweder L selbst zu vertreten hätte (§ 324 I) oder die weder von W noch von L zu vertreten, aber während eines Annahmeverzuges des L entstanden wäre (§ 324 II). Die Zahlungspflicht des L würde dagegen entfallen, wenn außerhalb des Annahmeverzuges eine weder von W noch von L (§ 323 I) oder eine von W zu vertretende Unmöglichkeit vorläge (§ 325 I). Geschuldet waren Lkw des Typs B 5 und nicht solche des Typs B 6. Die letzteren können nicht als gleichwertige Leistung

[1] Vgl. in diesem Zusammenhang: § 63 HGB, § 133 c GewO, §§ 1–9 des LohnfortzahlungsG v. 27. 7. 1969 (BGBl. I S. 946 u. I [1972], S. 1433).

angesehen werden (höhere Kfz-Steuer und Motor eines unbekannten Herstellers, den die Kundschaft nicht ohne weiteres abnehmen wird).

W hat keine Lkw des Typs B 5 mehr. Er könnte sie vielleicht mit bedeutenden Schwierigkeiten nochmal in seinem Werk herstellen lassen. Dieser Aufwand steht aber in keinem Verhältnis zu den Kosten einer Serienproduktion und ist mit außergewöhnlichen Komplikationen verbunden. Die Leistung ist für W wirtschaftlich unzumutbar geworden. Wirtschaftliche Unzumutbarkeit kann nicht generell als ein Fall der Unmöglichkeit i. S. d. §§ 323 ff. BGB angesehen werden.[1] In vielen Fällen wird jedoch eine Vertragsauslegung zu dem Ergebnis führen, daß sich die Beschaffungspflicht des Schuldners nur auf wirtschaftlich zumutbare Maßnahmen erstrecken soll. Sind diese erschöpft, so liegt Unmöglichkeit vor.[2] Ist eine solche Vertragsauslegung ausgeschlossen, so kommt nur eine Anpassung des Vertrages an die veränderten Verhältnisse nach den Regeln über den Wegfall der Geschäftsgrundlage in Betracht.[3]

Für den vorliegenden Fall wird eine Auslegung des Vertrages ergeben, daß die 5 Lkw nach dem Willen der Vertragspartner unmittelbar der Serienproduktion des Typs B 5 entstammen sollten. Für die Übernahme einer weitergehenden Beschaffungspflicht durch W bestand keinerlei Anlaß. Da W die Lkw aus der Serienproduktion nicht mehr beschaffen kann, ist ihm die geschuldete Leistung unmöglich geworden.

Die Unmöglichkeit ist durch den Totalverkauf sämtlicher Lkw des Typs B 5 entstanden, also nicht durch L, sondern durch W. Allerdings befand sich L seit etwa 1½ Jahren in Annahmeverzug, da er die Lkw trotz Aufforderung des W nicht, wie verabredet, in Köln abgeholt hat (§§ 295, 293 BGB).

In solchen Fällen sieht das Gesetz für den Schuldner (W) den sog. Selbsthilfeverkauf vor, der auch die Interessen des säumigen Käufers wahrt.[4] Vgl. § 383 BGB, §§ 373, 374 HGB. An diese

---

[1] Vgl. Palandt-Heinrichs, BGB, 43. Aufl. 1984, § 275, Anm. 2e; Larenz, Lehrb. d. SchuldR, Bd. I, 13. Aufl. 1982, § 21 I e. Anders noch RGZ 94, 45 (50 f.).

[2] Vgl. RGZ 57, 116 (118); Medicus, Bürgerl. Recht, 11. Aufl. 1983, Rz. 268 u. 257.

[3] Vgl. Palandt-Heinrichs, BGB, 43. Aufl. 1984, § 275, Anm. 2e i. V. m. § 242, Anm. 6 C a bb und Medicus, Bürgerl. Recht, 11. Aufl. 1983, Rz. 158.

[4] Vgl. § 376 II Nr. 1 i. V. m. § 378 sowie § 376 I i. V. m. § 379 BGB.

Vorschriften hat sich W nicht gehalten. Er hat also die entstandene Unmöglichkeit der Lieferung vorsätzlich herbeigeführt und sie gemäß § 300 I BGB selbst zu vertreten.
Da Unmöglichkeit der Leistung vorliegt und W diese zu vertreten hat, kann L gemäß § 325 I i. V. m. § 323 I BGB die Gegenleistung verweigern oder statt dessen auch den Rücktritt vom Vertrag erklären.

2.
W beruft sich nicht auf die Unmöglichkeit, sondern erbietet sich im Gegenteil zur Leistung, er begehrt aber von L nicht nur Bezahlung des vertraglich vereinbarten Kaufpreises, sondern auch noch Ersatz der Mehrkosten. Er wird sich hierfür auf Annahmeverzug oder Schuldnerverzug des L berufen (vgl. §§ 304, 293 und 286 I, 284 I BGB).
L befindet sich in Annahmeverzug, dies gibt aber dem W nur Ansprüche auf Ersatz der Kosten, die für die Aufbewahrung und Erhaltung des geschuldeten Gegenstandes entstanden sind (§ 304 BGB). Die erhöhten Herstellungskosten fallen nicht darunter.
Da L verpflichtet war, die Lkw nach Anlaufen der Produktion abzuholen und zu zahlen, da er hierzu aufgefordert und auch mehrfach gemahnt worden war, befindet er sich in Schuldnerverzug (§ 284 BGB).
Gemäß § 286 BGB hat er dem B den „durch den Verzug“ entstehenden Schaden zu ersetzen. Die erhöhten Produktionskosten sind jedoch nicht durch den Verzug des L bedingt, sondern dadurch, daß W nicht den vom Gesetz vorgesehenen Selbsthilfeverkauf gewählt, sondern sämtliche vorhandenen Lkw des geschuldeten Typs verkauft hat.
L braucht also die erhöhten Kosten nicht zu bezahlen.

Beachte: *L ist, obwohl im Annahmeverzug, keinesfalls allen Schutzes beraubt. Das Gesetz sieht eben deshalb nur ganz bestimmte Rechtsbehelfe für den Gläubiger des Säumigen vor und gestattet ihm nicht Maßnahmen nach seinem Ermessen.*
Die Entscheidung ist für W auch nicht unbillig. Er hat die gesamte Produktion, einschl. der 5 für L bestimmten Lkw zum vollen Preis verkauft, hat also keinen Schaden erlitten. Er möchte jetzt den alten Kaufvertrag gewissermaßen in die neue Produktion retten. Dazu besteht kein Anlaß.

Lösung 8

1.

Zwischen V und M besteht ein Mietvertrag (§§ 535 ff. BGB). V hat sich bei der Abgabe seiner Erklärung geirrt (Irrtum in der Erklärungshandlung, Erklärungsirrtum).
Hätte er den Irrtum bemerkt und den Fall verständig gewürdigt, wäre ein solches Angebot überhaupt nicht unterbreitet worden. Er kann also gemäß § 119 I 2. Alternative BGB unverzüglich (§ 121 BGB) gegenüber M (§ 143 BGB) anfechten, dadurch wird seine Angebotserklärung rückwirkend vernichtet (§ 142 I BGB). Damit wird der ganze Vertrag hinfällig.
V muß dem M den Vertrauensschaden (das negative Interesse) ersetzen (§ 122 I BGB), d.h. er muß ihn so stellen, als wenn M nie von dem Angebot des V gehört hätte. In diesem Fall wäre kein Vertrag geschlossen worden, M hätte nicht 200 DM für die Werbung ausgegeben. Diese Summe muß V ersetzen.
M hätte auch keine Getränke gekauft. Solange diese jedoch noch sein Eigentum sind, ist ihm kein Schaden entstanden. Sollte ein solcher bei der Weiter- bzw. Rückveräußerung entstehen oder sollten besondere Lagerkosten usw. anfallen, könnte M hierfür Ersatz fordern.
Hätte M nichts von dem Angebot des V gehört, nicht auf seine Gültigkeit vertraut und wäre deshalb ein Vertrag nicht geschlossen worden, dann hätte M aber auch nicht die erhofften 12 000 DM Reingewinn erzielt. Diese Summe braucht V also nicht zu ersetzen. (Anders aber dann, wenn M wegen seines Vertrauens auf die Erklärung des V einen Vertrag über ein anderes Grundstück, auf dem er auch 12 000 DM hätte verdienen können, nicht abgeschlossen hat. Dann wäre ihm diese Summe infolge seines Vertrauens auf die Erklärung des V entgangen, und V müßte ihn auch insoweit entschädigen.)

2.

V ist gemäß § 535 S. 1 BGB verpflichtet, dem M den Gebrauch der vermieteten Räume zu gewähren. Da X die Räume bezogen hat, hat V sich selbst vorsätzlich die Erfüllung des Vertrages unmöglich gemacht (§ 276 BGB).
Gemäß § 325 I BGB kann daher M Schadenersatz wegen Nicht-

erfüllung (das positive Interesse) verlangen, d.h. er ist so zu stellen, als sei ordentlich erfüllt. In diesem Fall hätte M 12000 DM Gewinn erzielt, diese muß V ersetzen (vgl. § 252 BGB).
M hätte aber dann die vorhandenen Getränke nicht mehr. Diese wird er sicherlich verkaufen. Erzielt er hierbei wieder 2000 DM, so braucht er sich dies nicht anrechnen zu lassen. Bei ordnungsgemäß erfülltem Vertrag hätte er alle Anschaffungskosten wieder herausgewirtschaftet und trotzdem noch 12000 DM Gewinn erzielt. Nur, wenn sich beim Verkauf noch ein Gewinn ergibt, muß M sich diesen auf die 12000 DM anrechnen lassen, während er einen etwaigen Verlust beim Verkauf auf V überwälzen könnte (bei ordentlicher Erfüllung wäre dieser Verlust nicht entstanden).
Hätte V ordnungsmäßig erfüllt, hätte M die 200 DM Werbungskosten mit aus den Einnahmen abgedeckt. Er kann also auch Ersatz für diese 200 DM fordern.
Die Mietzahlungen, die M bei ordnungsmäßiger Vertragserfüllung hätte leisten müssen, kann V nicht abziehen. Diese Zahlungen wären aus den Einnahmen beglichen worden, hätten also nicht den Reingewinn von 12000 DM geschmälert.
Am Rücktritt (§ 325 I) dürfte M nicht interessiert sein, da er auf diese Weise keinen Schadensersatz erhalten würde.

3.

Das Verschweigen von Umständen, die für den Vertragspartner wesentlich sind, kann eine arglistige Täuschung sein.
Hier war es für M wesentlich, daß die zuständige Behörde die Räume als für eine Schankwirtschaft ungeeignet angesehen hat. M könnte also gemäß § 123 I BGB anfechten und damit den Vertrag vernichten. Das ist ihm jedoch nicht zu raten, weil er damit die Basis seiner vertraglichen Schadensersatzansprüche zerstört.
Gemäß § 537 I BGB haftet nämlich V, wenn die Sache mit einem Fehler behaftet ist, der ihre Tauglichkeit zu dem vertraglichen Gebrauch aufhebt.
Die Räume sind für den Betrieb einer Schankwirtschaft vermietet worden und waren dafür ungeeignet, was dazu führte, daß die Konzession nicht erteilt wurde. Das ist als Fehler i.S. von

§ 537 BGB anzusehen.[1] Der Mangel bestand bereits bei Vertragsschluß, M kann daher von V Schadensersatz wegen Nichterfüllung verlangen (§ 538 I BGB). Berechnung siehe Fall 2.
M hat ferner in jedem Fall Ansprüche auf Schadensersatz gem. § 823 II BGB i.V.m. § 263 StGB (weil V ihn betrogen hat), ferner aus § 826 BGB (die vorsätzliche Täuschung ist sittenwidrig), außerdem (sofern er anficht) auch aus sog. culpa in contrahendo (Verschulden beim Vertragsschluß). Diese Ansprüche sind auf Ersatz des negativen Interesses gerichtet (strittig).

Beachte: *In den Fällen 2 und 3 wird von einem einwandfreien Vertrag ausgegangen. Der vertragstreue M kann daher, wenn schon die Erfüllung unmöglich ist, verlangen, so gestellt zu werden, als sei ordnungsgemäß erfüllt worden (als wäre alles normal und wie geplant verlaufen).*
Im Fall 1 ist der Vertragsabschluß hingegen gerade nicht einwandfrei (Anfechtung des V!). Das Gesetz gestattet dem V in diesem Fall, von seiner irrtümlich abgegebenen Erklärung wieder loszukommen, muß aber auch an die Interessen des Vertragspartners denken, der auf die Erklärung vertraut hat. Das Gesetz billigt ihm deshalb einen Schadensersatzanspruch zu. Dieser wird aber anders berechnet als in den Fällen 2 und 3. Das sog. Vertrauensinteresse ist vielfach geringer als das positive Interesse; selbst wenn es höher sein sollte, kann der Gläubiger doch nach § 122 BGB nie mehr als das Erfüllungsinteresse (positive Interesse) fordern (vgl. auch §§ 179 II, 307 BGB).

Lösung 9

1.
a) Ansprüche des G gegen K.
§§ 18 I, 7 I StVG: Haftet K als Führer des Kfz aus dem Straßenverkehrsgesetz für den Schaden?
Bei dem Betrieb des von ihm geführten Lkw wurden Sachen des G beschädigt.
Die Ersatzpflicht ist nach § 18 I S. 2 aber ausgeschlossen, wenn den K kein Verschulden trifft. Nach dem Sachverhalt ist anzu-

---

[1] RGZ 147, 157 (159); BGH NJW 1980, 778. Vgl. auch Palandt-Putzo, BGB, 43. Aufl. 1984, § 537, Anm. 2.

nehmen, daß er die im Verkehr erforderliche Sorgfalt beachtet, also nicht fahrlässig gehandelt hat (§ 276 BGB).[1]
Damit entfällt die Haftung des K aus StVG.
§ 823 I BGB: K hat rechtswidrig das Eigentum des G verletzt. Da ihn jedoch kein Verschulden trifft (siehe oben), ist er nicht aus unerlaubter Handlung verantwortlich.
b) Ansprüche des G gegen F.
§ 7 I StVG: F ist Kfz-Halter. Bei dem Betrieb seines Lkw wurde eine Sache des G beschädigt. Für den entstandenen Schaden haftet F gemäß § 7 I StVG ohne Rücksicht darauf, ob bei ihm oder bei K ein Verschulden vorliegt. (sog. Gefährdungshaftung) Gemäß § 12 I Nr. 3 StVG ist die Höhe dieses Schadensersatzanspruchs jedoch begrenzt auf 100 000 DM. Wegen eines den Betrag von 100 000 DM übersteigenden Sachschadens könnte G daher von F nur dann Ersatz verlangen, wenn F ihm noch aus einem anderen Rechtsgrund (z. B. §§ 823 ff. BGB) haftet.
§ 831 BGB?
K hat den objektiven Tatbestand einer unerlaubten Handlung erfüllt (siehe oben). F hat den bei ihm beschäftigten K beauftragt, die Fahrt zu unternehmen. In Ausführung dieser Verrichtung hat K den Schaden verursacht. Von dieser Haftung für vermutetes eigenes Verschulden kann F sich gemäß § 831 I S. 2 befreien, wenn er bei der Auswahl und Leitung des K als Fahrer die im Verkehr erforderliche Sorgfalt walten ließ und für den verkehrssicheren Zustand des Fahrzeugs sorgte.[2]

2.
a) Ansprüche des G gegen K.
aa) Reparaturkosten
§§ 18 I, 7 I StVG: Auch hier wurde bei dem Betrieb des Lkw, den K führte, eine Sache des G beschädigt.

---

[1] Das Gebot, sich verkehrsrichtig zu verhalten, wird jetzt verschiedentlich als eine die Rechtswidrigkeit betreffende Vorschrift angesehen. (Vgl. etwa BGHZ 24, 21 ff.; BGH NJW 1962, 484 f.; Erman-Drees, BGB, 7. Aufl. 1981, § 823, Rz. 45 ff.; differenzierend Larenz, Lehrb. d. SchuldR. Bd. II, 12. Aufl. 1981, § 72 I c. Vgl. auch Medicus, Bürgerl. Recht, 11. Aufl. 1983, Rz. 606, 645. In dieser Fallsammlung kann auf diese äußerst schwierige Frage nicht näher eingegangen werden.
[2] Palandt-Thomas, BGB, 43. Aufl. 1984, § 831, Anm. 6 A a, d; Jauernig-Teichmann, BGB, 3. Aufl. 1984, § 831, Anm. 3; Medicus, StudK BGB, 2. Aufl. 1979, § 831, Anm. 4.

Indem K sich nach reichlichem Alkoholgenuß ans Steuer setzte, ließ er die im Verkehr erforderliche Sorgfalt außer acht, denn es ist bekannt, daß ein solches Verhalten häufig zu Unfällen führt. K handelte in diesem Fall also auch schuldhaft und hat daher dem G den entstandenen Schaden gemäß §§ 18 I, 7 I, 12 I Nr. 3 StVG bis zu einer Höhe von 100 000 DM zu ersetzen.
Aus § 823 I BGB würde K auch für einen diesen Betrag übersteigenden Schaden vollen Ersatz schulden. Er hat das Eigentum des G rechtswidrig und schuldhaft (fahrlässig, siehe oben) verletzt und ist daher gemäß § 823 I ersatzpflichtig.[1]
bb) Nutzungsentgang
§§ 18 I, 7 I StVG und § 823 I BGB kommen auch als Grundlagen eines Schadensersatzanspruchs des G wegen der ihm während der Reparaturzeit entgangenen Nutzung des Pkw in Betracht. Allerdings ist problematisch, ob der vorübergehende Entzug der Nutzungsmöglichkeit an einem Pkw als ein Vermögensschaden angesehen werden kann. Handelte es sich bei dem Nutzungsentzug nicht um einen Vermögensschaden, so könnte gemäß § 253 BGB grundsätzlich[2] keine Entschädigung in Geld, sondern nur eine – in der Regel bei entgangenen Nutzungen nicht mehr mögliche – Naturalrestitution (§ 249 S. 1 BGB) verlangt werden. Die Rechtsprechung argumentiert, die Benutzungsmöglichkeit an einem Pkw könne in aller Regel nur durch entsprechende Vermögensaufwendungen „erkauft" werden. Sie sei demnach kommerzialisiert, so daß in ihrem Entzug ein Vermögensschaden liege.[3] Gemäß diesem Kommerzialisierungsgedanken kann G von K nach § 251 I BGB[4] als Ausgleich für die entgangene Nutzungsmöglichkeit an dem Pkw während der Reparaturzeit eine Entschädigung in Geld verlangen.

---

[1] K hat keinen Befreiungsanspruch gegen F (aus dem Gesichtspunkt der „gefahrgeneigten Arbeit"), da bei Trunkenheit am Steuer grobe Fahrlässigkeit zu bejahen ist. Vgl. zur Haftungserleichterung bei gefahrgeneigter Arbeit BAG NJW 1983, 1693 ff.; Palandt-Putzo, BGB, 43. Aufl. 1984, Anm. 14 b dd; Söllner, Grundr. d. ArbeitsR, 8. Aufl. 1984, § 30 I.

[2] Zu Ausnahmen von § 253 vgl. z. B. §§ 847, 651 f II, 1300 BGB.

[3] Vgl. BGHZ 40, 345 (349 f.); 45, 212 (214 ff.); 56, 214 ff. sowie Medicus, StudK BGB, 2 Aufl. 1979, § 253, Anm. 3.

[4] Vgl. BGHZ 45, 212 (221) und Larenz, Lehrb. d. SchuldR. Bd. I, 13. Aufl. 1982, § 29 II c; für Anwendung von § 249 S. 2 BGB Medicus, Bürgerl. Recht, 11. Aufl. 1983, Rz. 824.

Dieser Anspruch auf „abstrakte Nutzungsentschädigung" besteht unabhängig davon, ob sich G während der Reparaturzeit seines Kfz ein Mietauto genommen hat oder nicht.[1]
Die Höhe des Anspruchs liegt gemäß den von der Rechtsprechung entwickelten Maßstäben (anteilige fixe Kosten des Kfz plus Zuschlag) bei etwa einem Drittel der Kosten, die bei Inanspruchnahme eines dem beschädigten Fahrzeug gleichwertigen Mietwagens entstanden wären.[2] Hätte sich G während der Reparaturzeit tatsächlich ein Mietauto genommen, so könnte er statt der abstrakten Nutzungsentschädigung von K auch den Ersatz der konkreten Mietkosten (abzüglich für das eigene Kfz ersparter Aufwendungen) verlangen.[3] Die Tatsache, daß ein Luxusfahrzeug beschädigt wurde und die Mietkosten für ein gleichwertiges Fahrzeug daher entsprechend hoch sein werden, kann nach wohl richtiger Ansicht nicht unter dem Gesichtspunkt des § 254 II BGB (Schadensminderungspflicht) zu einer Beschränkung des Anspruchs des G führen.[4]

Beachte: *Die Ableitung eines Schadensersatzanspruchs für entgangene Nutzungsmöglichkeit aus dem Kommerzialisierungsgedanken ist umstritten. Vereinzelt wird ein Schadensersatzanspruch wegen entgangener Nutzungsmöglichkeit darauf gestützt, daß der Eigentümer eines beschädigten Fahrzeugs für dieses auch während der Zeit der Reparatur laufende Aufwendungen (Steuer, Versicherung, Zinsentgang an dem investierten Kapital) erbringt. In der Vergeblichkeit dieser Aufwendungen sei der Vermögensschaden zu sehen. (Frustrierungsgedanke)*[5]
Teilweise wird zur Begründung der Ersatzpflicht für entgangene

[1] Vgl. BGHZ 40, 345 (348 f.); BGH NJW 1982, 2304 f. und Erman-Sirp, BGB, 7. Aufl. 1981, § 249, Rz. 97 m. w. Nachw.
[2] Vgl. BGHZ 56, 214 (217 ff.) sowie Palandt-Heinrichs, BGB, 43. Aufl. 1984, Anh. zu § 249.
[3] Vgl. Palandt-Heinrichs, BGB, 43. Aufl. 1984, § 249, Anm. 1 b. Zu speziellen Fragen der konkreten Schadensberechnung vgl. z. B. BGHZ 61, 325 ff. und BGH NJW 1975, 255 ff.
[4] Vgl. Koller, NJW 1983, 16 ff. *A.A.* BGH NJW 1982, 1518 ff.; Erman-Sirp, BGB, 7. Aufl. 1981, § 249, Rz. 95 u. 97.
[5] Vgl. Esser-Schmidt, SchuldR Bd. I, 6. Aufl. 1984, § 31 III; Schmidt, JuS 1980, 636 (637 ff.), ähnlich auch Larenz, Lehrb. d. SchuldR, Bd. I, 13. Aufl. 1982, § 29 II c. Dagegen: Medicus, Bürgerl. Recht, 11. Aufl. 1983, Rz. 826.

Gebrauchsvorteile auf den Billigkeitsgesichtspunkt abgestellt, daß der auf einen Mietwagen verzichtende Kfz-Eigentümer nicht erheblich schlechter gestellt werden dürfe als derjenige, der ein Ersatzfahrzeug anmietet.[1] *Die Rechtsprechung erkennt eine Kommerzialisierung der Nutzungsmöglichkeit im wesentlichen nur bei Kraftfahrzeugen an. Bei anderen Sachen als Kraftfahrzeugen wird eine Nutzungsentschädigung zwecks Vermeidung einer Aushöhlung von § 253 BGB zumeist abgelehnt, vgl. z. B. BGHZ 66, 277 (279ff.); 71, 234ff.; 75, 366 (373f.) (Wohnhaus, Wohnung), BGHZ 76, 179 (186f.) (privates Schwimmbad), BGHZ 86, 128 (131ff.) (Wohnwagen), KG NJW 1972, 1427 (Motorboot). Vgl. auch die kritische Bestandsaufnahme von Hagen, JZ 1983, 833ff. Vgl. im übrigen zu weiteren Problemen des Schadensersatzrechts z. B. Grunsky, NJW 1983, 2465ff.; Werres, NJW 1982, 2483f. und Schwarz-Esser, NJW 1983, 1409f.*

b) Ansprüche des G gegen F

aa) Reparaturkosten

Wie unter 1 b.

bb) Nutzungsentgang

Die unter 1 b. besprochene Halterhaftung des F aus § 7 I StVG umfaßt auch den Schaden, der in dem Entzug der Nutzungsmöglichkeit des G während der Dauer der Reparatur seines Fahrzeugs liegt. (Vgl. dazu 2 a bb.)

3.

a) Voraussetzungen des Falles 1.

aa) Ansprüche des A gegen F.

Die Haftung des F aus § 7 StVG kommt hier nicht zum Zuge. Gemäß § 8 a I S. 2 wird für den Schaden an durch das Kfz beförderten Sachen nur dann nach dem StVG gehaftet, wenn die Sachen von einer entgeltlich und geschäftsmäßig beförderten Person mitgeführt werden. Das ist hier nicht der Fall.

§ 831 wie 1 b.

bb) Aus diesen Gründen scheidet auch eine Haftung des K nach StVG aus, § 823 I BGB greift gleichfalls nicht ein (vgl. 1 a).

---

[1] Vgl. Palandt-Heinrichs, BGB, 43. Aufl. 1984, Vorb. v. § 249, 2 b bb und auch Medicus, Bürgerl. Recht, 11. Aufl. 1983, Rz. 828 a. E.

b) Voraussetzungen des Falles 2.
aa) Ansprüche des A gegen K.
Eine Haftung gemäß §§ 18 I, 7 I StVG entfällt auch hier wegen § 8 a I S. 2 aus den zu 3 a) aa) genannten Gründen.
§ 823 I BGB wie 2a.
bb) Ansprüche des A gegen F.
Auch hier keine Gefährdungshaftung wegen § 8 a I S. 2 StVG, aber § 831 I BGB, allerdings Exculpationsmöglichkeit.
Falls F mit A im Vertragsverhältnis stand, kommt hier außerdem eine Haftung aus positiver Vertragsverletzung in Frage; gemäß § 278 hat F das Verschulden des K zu vertreten und dem A den Schaden in voller Höhe zu ersetzen.
(Vgl. aber auch die §§ 429, 430 HGB, die die Haftung des Frachtführers begrenzen, ferner § 1 Güterkraftverkehrsgesetz (GüKG) v. 1975; wonach die Beförderung von Gütern mit Kfz *ausschließlich* dem GüKG und der Kraftverkehrsordnung (KVO) unterliegt.)

Beachte: *Die Schadensersatzpflicht wegen gefährlicher Vorhaben (ohne Verschulden) wird von den einschlägigen Gesetzen der Höhe nach beschränkt (§ 12 StVG, §§ 9, 10 HaftpflichtG, §§ 37, 46, 54 LuftverkG, § 31 BAtomG 1959; nicht aber in § 833 S. 1 BGB, wo allerdings auch nur ein geringerer Schaden zu befürchten ist als bei den in den anderen Gesetzen geregelten Tatbeständen. Vgl. aber auch § 22 WasserhaushaltsG).*
Bei der Schadensersatzpflicht wegen Verschuldens hingegen haftet der Schuldner prinzipiell für den gesamten Schaden (einschl. des entgangenen Gewinnes; anders z. B. § 430 HGB), gleichgültig, ob er aus Vertragsverletzung oder unerlaubter Handlung haftet, gleichgültig, ob er vorsätzlich, grobfahrlässig oder nur leicht fahrlässig gehandelt hat (Ausnahmen z. B. §§ 300 I, 521, 599, 680 BGB; ferner §§ 690, 708, 277 BGB).

Lösung 10

1.
Ansprüche gegen V aus § 433 I S. 1 BGB.
Voraussetzung hierfür ist ein Kaufvertrag, der durch korrespondierende Willenserklärung zustande gekommen sein müßte.
K ist, da wegen *Geistesschwäche* entmündigt, beschränkt ge-

schäftsfähig (nicht geschäftsunfähig; § 114 BGB). Die von K abgegebene Willenserklärung bringt diesem wegen der übernommenen Zahlungspflicht rechtliche Nachteile. Der Vertrag ist also gemäß § 108 I BGB schwebend unwirksam, da die Genehmigung des gesetzlichen Vertreters fehlt.
K hat also keinen Anspruch.

2.
Anspruchsgrundlage und Voraussetzungen wie oben.
V hat die vertragliche Erklärung nicht selbst abgegeben, sondern der von ihm bevollmächtigte B in seinem Namen (vgl. § 164 BGB). Die Vollmacht ist durch empfangsbedürftige Willenserklärung (§ 167 I BGB) erteilt worden.
V ist beschränkt geschäftsfähig (§ 114 BGB). Die Vollmachterteilung bringt ihm nicht lediglich rechtliche Vorteile, B soll den V verpflichten. Deshalb ist die Einwilligung des gesetzlichen Vertreters zu dieser Vollmachterteilung erforderlich. Da die Einwilligung fehlt, ist die Vollmachterteilung unwirksam (§ 111 S. 1 BGB, nicht bloß schwebend unwirksam wie der Vertrag im Fall 1). B hatte daher keine Vertretungsmacht, folglich ist auch kein Vertrag zwischen K und V zustande gekommen. Dieser Vertrag ist schwebend unwirksam (§ 177 I BGB).

3.
Anspruchsgrundlage und Voraussetzungen wie oben.
Die Erklärung des B sollte für und gegen V wirken (§ 164 BGB). Ist B wirksam zum Vertreter bestellt worden, obwohl er beschränkt geschäftsfähig ist (§ 114 BGB)?
Ein beschränkt Geschäftsfähiger kann bevollmächtigt werden und damit Erklärungen für und gegen den Vertretenen abgeben (§ 165 BGB). Dies findet seinen Grund darin, daß ihm aus der Bevollmächtigung keinerlei Nachteil entstehen kann. Handelt er innerhalb der Vollmacht, haftet gemäß § 164 BGB nur der Vertretene, überschreitet er die Vollmacht, schließt § 179 III S. 2 BGB seine Haftung aus.
Die Vollmacht mußte aber durch einseitige empfangsbedürftige Willenserklärung erteilt werden, die Erklärung des V mußte also dem B zugehen.
Den Zugang von Erklärungen an beschränkt Geschäftsfähige regelt § 131 II BGB. Danach genügt im allgemeinen nicht der

Zugang an den beschränkt Geschäftsfähigen selbst, vielmehr muß die Erklärung dem gesetzlichen Vertreter zugehen (§ 131 II S. 1 i.V.m. § 131 I BGB), was hier nicht der Fall ist.
Bringt die Vollmachterteilung dem B lediglich rechtliche Vorteile, so daß sie mit Zugang an ihn selbst wirksam werden könnte (§ 131 II S. 2 BGB)? Vorteile hat B von der Vollmacht nicht, sie bringt ihm aber auch keinen rechtlichen Nachteil, wie oben ausgeführt wurde.
Das Gesetz bezweckt in den §§ 107 und 131 II BGB offenbar nur, den beschränkt Geschäftsfähigen vor Schaden durch unbedachte Geschäfte zu bewahren. Die §§ 107 und 131 II S. 2 BGB werden daher – in Erweiterung des in § 165 BGB enthaltenen Gedankens – restriktiv so ausgelegt, als ob hier statt der Worte „lediglich einen rechtlichen Vorteil" die Worte „keinerlei rechtlichen Nachteil" ständen. Auch auf diese Weise wird einerseits der beschränkt Geschäftsfähige hinreichend gesichert, andererseits wird dem Rechtsverkehr erheblich genützt.
Sog. indifferente Erklärungen, die weder Vorteile noch Nachteile mit sich bringen, kann der beschränkt Geschäftsfähige also abgeben und auch empfangen. Die Vollmachterklärung ist dem B also wirksam zugegangen. B hat somit im Rahmen bestehender Vertretungsmacht gehandelt.
Ein Anspruch des K gegen V ist gegeben.

4.
Anspruchsgrundlage und Voraussetzungen wie oben.
V hat B gemäß § 172 I BGB durch Aushändigung einer Urkunde bevollmächtigt. Er hat die Vollmacht zwar widerrufen, gemäß § 172 II BGB wird aber dadurch die Vertretungsmacht des B solange nicht beeinträchtigt, als B die Vollmachtsurkunde in Besitz hat *(Grund: es liegt eine echte Urkunde vor, auf die sich gutgläubige Dritte – vgl. § 173 BGB – verlassen dürfen, wenn sie ihnen vorgelegt wird).* B hat also im Rahmen bestehender Vertretungsmacht gehandelt. K hat Ansprüche gegen V. (V kann jedoch den B aus dem der Vollmacht zugrunde liegenden Rechtsverhältnis haftbar machen.)

5.
Anspruchsgrundlage und Voraussetzungen wie oben.
B hat eine Erklärung im Namen des V abgegeben, ohne von ihm

bevollmächtigt zu sein. Die Urkunde, auf die sich K verlassen hat, war gefälscht. K kann nicht besser gestellt werden als jeder andere, der einem Betrüger zum Opfer fällt. Es wäre nicht zu vertreten, den V deshalb haften zu lassen, weil K es verstand, seine Unterschrift zu fälschen. V hat nichts dazu beigetragen, daß K des Glaubens sein konnte, B sei berechtigt, im Namen des V aufzutreten. (Das ist der wesentliche Unterschied gegenüber Fall 4, wo V eine echte Vollmachtsurkunde ausgestellt und dem B ausgehändigt hat.)
Ein Vertrag zwischen V und K ist somit nicht zustandegekommen. K hat nur die Ansprüche aus § 179 BGB und aus unerlaubter Handlung gegen B.

Beachte: *Der mündlichen Behauptung des als bevollmächtigt Auftretenden, ihm sei Vollmacht erteilt worden, darf man nicht o. w. vertrauen. Falls diese Behauptung sich als unrichtig erweist, trägt man selbst das Risiko und muß sich mit Ansprüchen gegen den angeblichen Vertreter (§ 179 BGB) zufrieden geben. (Vgl. auch § 111 S. 2 BGB).*
Man wird hingegen dann geschützt, wenn der Vertretene selbst den Anschein hervorgerufen hat, er habe Vollmacht erteilt oder die erteilte, aber wieder erloschene Vollmacht bestehe noch fort, und wenn man auf diesen vom Vertretenen hervorgerufenen Rechtsschein vertraut. (Vgl. §§ 170–172, 173; vgl. auch § 169 BGB; Rechtsprechung und Rechtslehre haben den in den §§ 170ff. BGB enthaltenen „Rechtsscheingedanken" auf weitere, im Gesetz selbst nicht geregelte Fälle ausgedehnt.[1])[2]

Lösung 11

1.
M hat den Arbeitsvertrag mit Genehmigung seiner gesetzlichen Vertreter (nach dem Grundsatz der Gleichberechtigung: beide

---

[1] Köhler, BGB, Allg. Teil, 18. Aufl. 1983, § 18 IV 2., 3.
[2] Zur Unterscheidung von „Anscheinsvollmacht" (der Vertretene hat den Anschein einer Vollmacht erweckt, auf den der Dritte vertraut) und „Duldungsvollmacht" (der Vertretene kennt das Verhalten des angeblichen Vertreters und schreitet nicht dagegen ein) vgl. Erman-Brox, BGB, 7. Aufl. 1981, § 167, Rz. 7. Zur Anscheinsvollmacht siehe Lüderitz, JuS 1976, 769f. Kritisch zur Behandlung der Anscheinsvollmacht als Vollmacht z. B. Medicus, Bürgerl. Recht, 11. Aufl. 1983, Rz. 100.

Eltern, § 1629 BGB) abgeschlossen. Er ist also, obwohl gemäß § 2 BGB minderjährig, nach § 113 I BGB teilweise geschäftsfähig. Daraus ergibt sich aber nicht das Recht, über sein Arbeitsentgelt frei zu verfügen. Vielmehr wäre gemäß § 107 BGB zu jeder Ausgabe die Einwilligung der gesetzlichen Vertreter nötig. Dies ist angesichts der örtlichen Trennung ausgeschlossen.
Es bieten sich zwei andere Lösungsmöglichkeiten:
a) § 110 BGB: M erhält seinen Lohn von dem Arbeitgeber mit Zustimmung der Eltern. Die Eltern willigen in die Auszahlung an M deshalb ein, damit er mit Hilfe dieses Geldes seinen Lebensunterhalt bestreitet, so daß er ermächtigt ist, die Zimmermiete zu bezahlen.
b) Da die gesetzlichen Vertreter damit einverstanden waren, daß der minderjährige Sohn außerhalb arbeitet und wohnt, werden sie alle Rechtsgeschäfte, die M im Zusammenhang hiermit normalerweise eingeht, von vornherein genehmigt haben (§ 107: generelle Ermächtigung). Zu diesen Geschäften gehört sicher die Zahlung der Zimmermiete.

2.
Daß der Kauf eines teuren Luxusgegenstandes, wie einer Fernsehtruhe, die nicht zur ordentlichen Lebensführung am Wohnort erforderlich ist, von vornherein von den Eltern genehmigt worden sei, kann man nicht annehmen, gleichgültig, welchen Lösungsweg man wählt. Der Kaufvertrag über die Fernsehtruhe ist also schwebend unwirksam (§ 108 I BGB).
Die Eltern werden die Genehmigung verweigern. Damit wird der Vertrag endgültig unwirksam.
Dies ist auch nicht unbillig für den Verkäufer, der in solchen Fällen vorsichtig sein soll. Er kann eine ausdrückliche Entscheidung der gesetzlichen Vertreter herbeiführen, bevor er den Vertrag abschließt.
Kann M Eigentum erwerben?
Die Übereignung ist abstrakt, d.h. sie kann wirksam sein, auch wenn das Kausalgeschäft unwirksam ist. Der Erwerb des Eigentums an dem Fernsehgerät bringt dem Minderjährigen lediglich einen rechtlichen Vorteil (§ 107 BGB), so daß das Übereignungsgeschäft im Gegensatz zum Kaufvertrag rechtswirksam ist. (Freilich könnte V von M Rückübereignung des Gerätes

gem. § 812 I S. 1 BGB verlangen, da dieser es wegen der Unwirksamkeit des Vertrages ohne Rechtsgrund erworben hat.)

3.

Der Kauf eines Loses gehört nicht zu den Rechtsgeschäften, die sich aus der getrennten Wohnung des Minderjährigen ergeben und zur Lebensführung am Wohnort erforderlich sind.

Da ein DRK-Los für 50 Pf. jedoch nicht teuer ist und sein Erwerb nicht aus dem Rahmen einer ordentlichen Lebensführung herausfällt, kann man annehmen, daß dieser Kauf von der Generalermächtigung oder von § 110 BGB mit umfaßt wird. Der an einem fremden Ort wohnende Jugendliche darf nach dem Willen der Eltern nicht nur Lebensmittel usw. einkaufen, er darf wohl auch Zigaretten kaufen, ins Kino und Theater gehen usw. Das alles ist mit genehmigt (Hier würden die Eltern übrigens in jedem Fall den Loskauf gemäß § 108 I BGB genehmigen, wenn sie von dem Gewinn erführen, § 184 I BGB.)

An dem ausgezahlten Gewinn hat der Minderjährige Eigentum erworben (nur rechtlicher Vorteil, s. oben).

Kann er aber über das, was er als Gewinn aus dem genehmigungsfreien (oder aus einem genehmigten) Rechtsgeschäft erlangt hat, frei verfügen? Das kann so allgemein nicht bejaht werden. Man muß auf den Einzelfall abstellen. Wenn ein achtjähriges Kind 5 DM zur freien Verfügung geschenkt bekommt, kann es wohl ein Spielzeug dafür kaufen, kann dieses aber nicht anschließend verkaufen oder gegen ein anderes Spielzeug tauschen. Anders wird vielleicht zu urteilen sein, wenn einem Siebzehnjährigen 10 DM zur freien Verfügung gegeben werden.

Jedenfalls kann man im vorliegenden Fall nicht behaupten, daß der Minderjährige nach dem Willen der Eltern über die gewonnenen 5000 DM frei verfügen kann. Der Gewinn hat infolge seines viel höheren Wertes als der Lospreis eine ganz neue Situation geschaffen (neue Auslagen für Kraftstoff, Reparaturen, Kfz-Steuer, Haftpflichtversicherung, Gefahr der Verletzung bei einem Unfall usw.). Diese neue Lage wird von der Einwilligung der Eltern jedenfalls nicht umfaßt.

M kann also nicht ohne Zustimmung der Eltern einen Wagen kaufen.[1]

---

[1] Vgl. RGZ 74, 235 f.; Palandt-Heinrichs, BGB, 43. Aufl. 1984, § 110, Anm. 2.

Dies ist für den Geschäftspartner auch nicht unbillig. Vorherige Erkundigungen durch den Verkäufer sind bei Einkäufen dieser Art ohne weiteres zu verlangen.

4.
Da die Eltern nicht wußten, wo sich der Minderjährige befindet, können sie auch keine vorherige Einwilligung erteilt haben. In diesem Fall sind alle von dem M abgeschlossenen Geschäfte schwebend unwirksam und zwar selbst dann, wenn der Geschäftspartner ihn für volljährig gehalten hat. Das Gesetz schützt nicht die Partner des Minderjährigen, sondern diesen selbst, damit er nicht auf Grund seiner mangelnden Reife ungünstige Geschäfte abschließen kann (sehr einseitige Regelung). M kann also den vereinbarten Mietzins nicht ohne Zustimmung der Eltern bezahlen.
Der Vermieter und die übrigen Vertragspartner des M wären auf Ansprüche aus ungerechtfertigter Bereicherung zu verweisen.

Beachte: *Die §§ 107ff. wollen dem gesetzlichen Vertreter die Möglichkeit geben zu prüfen, ob das Geschäft für den Minderjährigen günstig ist oder nicht, da man diese Prüfung und die entsprechende Entscheidung dem Minderjährigen nicht zutraut. Der gesetzliche Vertreter kann diese Prüfung bei einem einzelnen Geschäft anstellen, er kann aber auch gewisse weite Ermächtigungen erteilen (z. B. gemäß § 110 BGB über einen bestimmten Betrag frei zu verfügen, eine Reise zu unternehmen und alle dazu erforderlichen Geschäfte abzuschließen). Die Grenzen für solche generellen Zustimmungen sind sehr weit gezogen. Vgl. den minderjährigen Schüler, dem die Eltern monatlich eine bestimmte Summe zur Verfügung stellen, damit er – weitestgehend nach eigenem Ermessen – sein Leben am Schulort finanziere. In solchen Fällen kann der gesetzliche Vertreter immer noch prüfen, ob die Überlassung des bestimmten Betrages oder die generelle Ermächtigung (z. B. selbständig eine Reise zu unternehmen) für den Minderjährigen vorteilhaft und tragbar sind. Der überlassene Betrag oder das konkrete Vorhaben (die Reise), zu dem die Erlaubnis erteilt wird, umgrenzen den Bereich dessen, was der Minderjährige nach Prüfung durch den gesetzlichen Vertreter darf. Generalermächtigungen, die dem gesetzlichen Vertreter keinerlei Prüfung mehr gestatten, widersprechen jedoch dem Gesetz und sind unzulässig. (Die Eltern können nicht am 16. Geburtstag* *alle Rechtsgeschäfte des Kindes bis zum vollendeten 18. Lebensjahr im voraus wirksam genehmigen, da das Kind ihrer Ansicht nach genügend reif sei.)*

Lösung 12

1.
Der Kaufvertrag zwischen V und K ist durch Angebot und Annahme zustande gekommen.
V wollte jedoch ein Angebot (= Willenserklärung) mit dem Inhalt, der Preis betrage 3300 DM, überhaupt nicht abgeben (Erklärungsirrtum, Irrtum in der Erklärungshandlung). Hätte er den Irrtum bemerkt und den Fall verständig gewürdigt, wäre ein solches Angebot nicht unterbreitet worden. V kann gemäß § 119 I BGB anfechten (durch unverzügliche Erklärung gegenüber K, vgl. §§ 121 I, 143 II BGB).
Durch die Anfechtung wird sein Angebot gemäß § 142 I BGB rückwirkend vernichtet, der Kaufvertrag wird damit hinfällig. V muß dem K das negative Interesse ersetzen, § 122 I BGB.
V und K waren sich einig, daß das Eigentum am Pkw übergehen soll. V hat dem K den Wagen übergeben, also Eigentum nach § 929 I BGB übertragen.
Kaufvertrag und Übereignung sind selbständige, in ihrem rechtlichen Bestand voneinander unabhängige Rechtsgeschäfte. Die Anfechtbarkeit des Kaufvertrages berührt daher die Wirksamkeit der Übereignung nicht.
Ist die Übereignungserklärung des V selbständig anfechtbar? V erklärte, das Eigentum solle auf K übergehen. Dies wollte er auch erklären, es ist also keine Abweichung von Wille und Erklärung vorhanden.
Die Übereignung ist somit nicht anfechtbar.
V kann jedoch nach § 812 I S. 2 BGB das Eigentum zurückfordern, da durch Vernichtung des Kaufvertrages der Rechtsgrund für die Übereignung später weggefallen ist. K muß ihm dann den Wagen gemäß § 929 BGB zurückübereignen.

2.
Der Kaufvertrag ist zustande gekommen.
A hat den B jedoch durch eine Drohung zur Abgabe der Erklärung gezwungen. Die Drohung diente dazu, dem V einen Vor-

teil zu verschaffen, auf den er keinen Anspruch hatte; zwar können die Drohung wie auch deren Zweck jeweils für sich allein betrachtet hier nicht als widerrechtlich angesehen werden, jedoch verstößt die Verknüpfung der – an sich rechtmäßigen – Drohung mit dem Zweck, den B zu einem ihm ungünstigen Geschäft zu bewegen, gegen das Anstandsgefühl aller billig und gerecht Denkenden.[1] B wurde daher zur Abgabe seiner kaufvertraglichen Erklärung widerrechtlich durch Drohung bestimmt. Er kann demnach gemäß § 123 I anfechten (§§ 124, 143 II BGB).
Übereignung des Wagens wie in Fall 1. B hat im Zuge der Übereignung gemäß § 929 BGB eine Willenserklärung abgegeben, diese beruht jedoch ebenfalls auf der Drohung. Die Erklärung ist daher anfechtbar und wird durch Anfechtung hinfällig (§ 142 BGB), damit wird der Pkw rückwirkend wieder Eigentum des B. B kann ihn gemäß § 985 BGB von dem Besitzer A zurückfordern.
Die Zahlung des Geldes von A an B ist eine Übereignung der Geldscheine nach § 929 BGB, B kann seine Annahmeerklärung, die auf der Drohung beruht, anfechten. Die Übereignung wird damit hinfällig, A wird wieder Eigentümer.[2] (An einer solchen Anfechtung wird B jedoch nicht interessiert sein, da er dadurch das Eigentum an dem Geld verliert.)

3.
Der Kaufvertrag ist einwandfrei zustande gekommen (es ist nicht gesagt, daß V schon zu diesem Zeitpunkt vorhatte, den K zu betrügen).
Der „falsche" Pkw ist gemäß § 929 BGB übereignet worden: V hat erklärt, daß er *diesen* Wagen übereignen, K hat erklärt, daß er ihn zum Eigentum erwerben wolle. V verhielt sich jedoch so, daß K annehmen mußte, der vor ihm stehende Wagen sei der gekaufte. V spiegelte also dem K eine falsche Tatsache vor, er hat ihn arglistig getäuscht und dadurch zu der Abgabe der Eigentumsannahmeerklärung veranlaßt.

---

[1] Vgl. Köhler, BGB, Allg. Teil, 18. Aufl. 1983, § 14 V 3. c cc.
[2] Die sich aus einer etwaigen Vermischung des Geldes mit sonstigen Kassenbeständen ergebenden Fragen (vgl. §§ 948 ff.) sollen hier außer Betracht bleiben. Vgl. dazu etwa Palandt-Bassenge, BGB, 43. Aufl. 1984, § 948, Anm. 2; Lent-Schwab, SachenR, 19. Aufl. 1983, § 34 IV.

K kann daher diese Erklärung anfechten (§ 123 BGB) und damit seinen Eigentumserwerb vernichten.
Daran ist er weniger interessiert. Er wird das Eigentum an dem Wagen lieber bis zur Rückzahlung des Geldes behalten wollen. Das Eigentum verleiht ihm eine stärkere Rechtsposition als das Rückbehaltungsrecht an dem Wagen (§ 273 BGB), auf das er sich sonst berufen müßte.
Die Bezahlung durch K ist wiederum eine Übereignung des Geldes von K an V.
K ist zu dieser Übereignungserklärung durch die arglistige Täuschung des V, er übereigne ihm den gekauften Wagen, veranlaßt worden. K kann gemäß § 123 I BGB seine Übereignungserklärung anfechten und dann gemäß § 985 BGB sein Geld zurückfordern.[1]
Ferner könnte er im Wege des Schadensersatzes (§ 249 BGB) sein Geld zurückfordern, da V eine unerlaubte Handlung begangen hat. Vgl. § 823 II BGB i.V.m. § 263 StGB (Betrug) und § 826 BGB.[2]
Da der verkaufte Wagen noch nicht geliefert worden ist, hat K noch seinen vertraglichen Erfüllungsanspruch gemäß § 433 BGB, er könnte aber auch, da die Täuschung durch V eine grobe Verletzung seiner vertraglichen Leistungspflicht, also eine positive Vertragsverletzung (Analogie zu §§ 280, 286, 325, 326 BGB) darstellt, vom Kaufvertrag zurücktreten.

Beachte: *Im Fall 1 ist nur das Verpflichtungsgeschäft anfechtbar. Im Fall 2 trifft dies für das Verpflichtungsgeschäft und die beiden Verfügungsgeschäfte zu.*
Im Fall 3 hingegen ist das Verpflichtungsgeschäft in Ordnung und nur die beiden Verfügungsgeschäfte unterliegen einem Willensmangel.

---

[1] Vgl. S. 73, Fußn 2.

[2] Betrachtet man den Fall ganz genau, muß noch geprüft werden, ob V nicht gegenüber dem Rückzahlungsanspruch des K einwenden kann, er habe einen Anspruch auf Zahlung des von K geforderten Betrages, da der Kaufvertrag doch fehlerfrei sei, und verweigere deshalb die Rückgabe. Vgl. hierzu Fall 3 unter Nr. 2. Dieses Argument würde jedenfalls durch einen Rücktritt des K vom Kaufvertrag hinfällig.

Lösung 13

1.

a) Wandelung gemäß § 462 i.V.m. §§ 459, 467, 346 BGB?

Daß der Wagen für die Garage des K zu groß ist, stellt keinen Fehler dar, der den Wert oder die Tauglichkeit zu dem gewöhnlichen oder dem nach dem *Vertrag* vorausgesetzten Gebrauch aufhebt oder mindert.[1]

b) Muß V den erlangten Kaufpreis gemäß § 812 I S. 2 BGB herausgeben?

Nur wenn die Erklärung des K bei Abschluß des Kaufvertrages anfechtbar ist und durch die von K zu erklärende Anfechtung (§ 143 I) vernichtet werden kann.

Durch eine wirksam erklärte Anfechtung würde der Vertrag hinfällig und der Rechtsgrund für die Leistung entfallen. Hier kommt nur eine Anfechtung gemäß § 119 II BGB in Frage: Irrtum über Eigenschaften der Sache (LKW), die im Verkehr als wesentlich angesehen werden. Daß der gekaufte Wagen nicht in die Garage des K paßt, ist jedoch gerade nicht von allgemeiner Bedeutung.

Anfechtung und Rückforderung des Kaufpreises sind also nicht möglich.

2.

a) § 462 i.V.m. §§ 459, 467, 346 BGB?

Daß die Bremsen nicht funktionieren, stellt einen Fehler dar, der die Tauglichkeit des Lkw zum gewöhnlichen Gebrauch aufhebt oder wenigstens nicht unerheblich mindert, § 459 I.

K kann deshalb nach § 462 Wandelung verlangen. Er erhält dann den Kaufpreis nach den §§ 467, 346 zurück.

b) Das Funktionieren der Bremsen ist auch eine Eigenschaft von allgemeiner Bedeutung, also verkehrswesentlich i.S. des § 119 II. Das Anfechtungsrecht nach § 119 II wegen Irrtums über Eigenschaften der gekauften Sache (nicht auch die Anfechtung aus anderen Gründen) wird jedoch nach Gefahrübergang

---

[1] Anders wäre u.U. zu entscheiden, wenn K bei den Vertragsverhandlungen darauf hingewiesen hätte, daß eine bestimmte Größe des Wagens für ihn wesentlich sei. Dafür ergibt sich kein Anhaltspunkt.

(§ 446) durch die Anwendbarkeit der §§ 459 ff. ausgeschlossen.[1] Grund: Die §§ 459 ff. sind eine dem Kaufvertrag angepaßte Sonderregelung; der mit den kurzen Verjährungsfristen (§ 477) verfolgte Zweck (klare Verhältnisse binnen kurzer Zeit) wäre bei gleichzeitiger Anwendung des § 119 II illusorisch (s. § 121 II BGB). K kann also nicht anfechten.

3.
§ 812? Anfechtbarkeit des Kaufvertrages?
K wollte den neueren Typ bestellen, bestellte aber tatsächlich den älteren. Er hat wohl das erklärt, was er erklären wollte (er hat sich nicht versprochen, verschrieben o. ä.), so daß ein sogenannter Erklärungsirrtum (§ 119 I 2. Alt.) ausscheidet. K irrte sich jedoch über die Bedeutung des von ihm Erklärten. Er glaubte, mit seiner Erklärung den neueren Typ bestellt zu haben, während die gewählten Worte gerade den älteren bezeichneten (§ 119 I 1. Alt., sog. Inhaltsirrtum). K kann daher gemäß § 812 i. V. m. §§ 119 I, 142 I den überwiesenen Kaufpreis zurückverlangen.[2]

Lösung 14

1.
a) Ansprüche des K gegen V.
Anspruch auf Lieferung? § 433 I S. 1 BGB?
Ein Kaufvertrag ist abgeschlossen, aber unter aufschiebender Bedingung (§ 158 I BGB). Diese ist am 1.7. eingetreten, damit ist der Kaufvertrag voll wirksam. K hat einen Lieferungsanspruch gegen V.
Schadensersatzanspruch des K gegen V nach § 160 I BGB?
K ist unter einer aufschiebenden Bedingung berechtigt, diese ist eingetreten, sein Lieferungsanspruch ist aber nicht in der Schwebezeit durch V vereitelt oder beeinträchtigt worden. V

---

[1] Palandt-Putzo, BGB, 43. Aufl. 1984, Vorbem. 2e vor § 459; Medicus, Bürgerl. Recht, 11. Aufl. 1983, Rz. 342.
[2] Auf die Schwierigkeiten, die dadurch entstehen, daß K nicht bar bezahlt, sondern den Preis überwiesen hat, soll hier nicht eingegangen werden. Vgl. dazu Larenz, Lehrb. d. SchuldR, Bd. II, 12. Aufl. 1981, § 68 I a.

hat zwar die Maschinen nochmals verkauft, aber noch nicht übereignet. Er kann immer noch an K liefern.
Auch die §§ 440 I, 325 BGB greifen nicht ein, da dem V die Lieferung an K immer noch möglich ist.
b) Keinerlei Ansprüche des K gegen X.

2.
a) V hat in der Schwebezeit den aufschiebend bedingten Lieferungsanspruch des K vorsätzlich vereitelt, indem er die Maschinen an X übereignete. K kann also nach § 160 BGB von V Schadensersatz fordern.
Weitere Anspruchsgrundlage: §§ 440 I, 325 BGB.[1] V hat sich die Lieferung selbst unmöglich gemacht und diese Unmöglichkeit zu vertreten. Er haftet deshalb auf Schadensersatz.
b) Keine Ansprüche des K gegen X.
Dieser hat zwar von V eine Sache, die bereits verkauft war, gekauft und sich übereignen lassen. Selbst wenn er dies wußte, kann er nicht belangt werden. Man darf grundsätzlich eine bereits verkaufte Sache erwerben und es dem Verkäufer überlassen, wie er mit dem ersten Käufer zurechtkommt. § 826 BGB (Schadensersatz durch Übereignung der Sache) greift nur ganz ausnahmsweise ein, etwa dann, wenn der Erwerber den ersten Käufer bewußt schädigen will.[2]

Lösung 15

Der Vormund möchte in den Fällen 1 und 2 offenbar den alten Zustand wieder herstellen, d.h. den Besitz an dem Grundstück zurückfordern, er möchte, daß sein Mündel wieder im Grundbuch eingetragen wird; soweit das Eigentum auf K übergegangen ist, begehrt er dieses zurück.
Der Vormund macht keine eigenen Ansprüche geltend, sondern nur als gesetzlicher Vertreter solche seines Mündels V (§ 1793 BGB).

1.
Wiedererlangung des Besitzes? § 985 BGB?

---

[1] Vgl. auch § 283 BGB.
[2] Vgl. Palandt-Thomas, BGB, 43. Aufl. 1984, § 826, Anm. 8 q; Jauernig-Teichmann, BGB, 3. Aufl. 1984, Anm. II 2. c cc.

V hat an K gemäß §§ 873 I, 925 I BGB übereignet. Die Auflassungserklärung des V ist gemäß §§ 105 I, 104 Nr. 2 BGB nichtig, damit ist die gesamte Auflassung hinfällig. K ist nicht Eigentümer geworden, sondern nur Besitzer. Eigentümer ist V, also ist der Anspruch aus § 985 BGB gegeben.

§ 812 BGB?

Auch der zwischen V und K geschlossene Kaufvertrag (§ 433 BGB) ist unwirksam, da die entsprechenden Erklärungen des V gemäß §§ 105 I, 104 Nr. 2 BGB nichtig sind. K hat demnach den *Besitz* an dem Grundstück (nicht das Eigentum!) ohne Rechtsgrund erlangt, also trifft ihn eine Herausgabepflicht gemäß § 812 I S. 1 BGB.

Wiedererlangung der alten Grundbuchposition? § 894 BGB?

Im Grundbuch ist K eingetragen, obwohl er nicht Eigentümer des Grundstücks ist (s. oben). Das Grundbuch ist daher unrichtig. V (vertreten durch den Vormund) kann von K Zustimmung zur Berichtigung verlangen (§ 894 BGB).

2.

a) Ansprüche K gegen V.

§ 433 I BGB?

Der Kaufvertrag ist wirksam, da V z. Zt. seines Abschlusses noch geschäftsfähig war. V hat dem K das Grundstück übergeben, aber noch nicht übereignet, da seine Auflassungserklärung wegen der inzwischen eingetretenen Geschäftsunfähigkeit unwirksam ist (s. oben). Der Kaufvertrag ist also noch nicht voll erfüllt.

K kann verlangen, daß eine wirksame Auflassung (wobei der Vormund das Mündel zu vertreten hätte) nachgeholt wird, damit der der Grundbucheintragung entsprechende Zustand hergestellt wird.

b) Ansprüche des V gegen K.

V ist z. Zt. noch Eigentümer (da die Auflassung nicht wirksam ist); er könnte also gemäß § 985 Rückgabe des Grundstücks und nach § 894 BGB Zustimmung zur Grundbuchberichtigung verlangen. Ein Anspruch auf Besitzübertragung aus § 812 BGB scheidet aus, da der Kaufvertrag – der Rechtsgrund für die Besitzübertragung – gültig ist. Dem Anspruch des V aus §§ 985, 894 BGB könnte K jedoch entgegenhalten, daß V verpflichtet sei, den rechtswirksamen Kaufvertrag zu erfüllen, also ihm Besitz

und Eigentum am Grundstück zu verschaffen. V würde somit arglistig handeln, wenn er die o. a. Ansprüche geltend macht, da er doch den Besitz wieder an K zurückübertragen und auch mit dessen Wiedereintragung im Grundbuch einverstanden sein müßte. K könnte somit die sog. Einrede der Arglist erheben.[1]
Ausführlichere Lösung nach der Anspruchsmethode s. Anhang, S. 172.

Lösung 16

In allen Fällen ist ein wirksamer Kaufvertrag abgeschlossen worden, V hat geliefert.

1.
Bestehen Gewährleistungsansprüche gemäß §§ 459 ff., § 480 I 1 BGB?
Der verkaufte Leim ist eine Sache. Im Zeitpunkt des Gefahrüberganges (Übergabe gemäß § 446 I S. 1 BGB) konnte der Leim für die Möbelherstellung nicht verwendet werden. Sind damit sein Wert oder seine Tauglichkeit zu dem gewöhnlichen oder dem vertraglich vorausgesetzten Gebrauch aufgehoben oder gemindert worden? Der Leim als solcher hatte seinen Wert, da er für andere Zwecke als für die Möbelherstellung o. w. verwendet werden konnte. Ein bestimmter Gebrauch war vertraglich nicht vorausgesetzt, da nicht gesagt worden war, wofür der Leim gebraucht werden soll. Ist die Tauglichkeit zu dem „gewöhnlichen" Gebrauch aufgehoben? Möbelherstellung ist nicht der einzige Verwendungszweck für Leim, sondern schon ein Spezialfall.
Die §§ 459 ff. BGB greifen somit nicht ein.
Anfechtung nach § 119 II BGB?
Die Gewährleistungsvorschriften des §§ 459 ff. BGB schließen bekanntlich die Anfechtung nach § 119 II BGB aus.[2]
Dies gilt allerdings nicht, wenn die verkaufte Sache (wie hier) keinen Sachmangel i. S. v. § 459 BGB aufweist, so daß deshalb

---

[1] Das obligatorische Recht des K aus dem gültigen Kaufvertrag setzt sich also gegen das dingliche Recht des V durch (vgl. Palandt-Heinrichs, BGB, 43. Aufl. 1984, § 242, Anm. 4 C c; Larenz, Lehrb. d. SchuldR, Bd. I, 13. Aufl. 1982, § 10 II und Westermann, SachenR, 5. Aufl. 1966, § 73 II 6.
[2] S. Fall 13.

Gewährleistungsansprüche des Käufers nicht gegeben sind.[1] Im vorliegenden Fall bildet jedoch die Eigenschaft des Leims, auch für die Möbelherstellung verwendbar zu sein, weder nach dem Inhalt des Kaufvertrages noch nach der Verkehrsanschauung[2] eine wesentliche Eigenschaft i. S. v. § 119 II BGB.
K kann also nicht anfechten.

2.
§§ 459ff., § 480 I 1 BGB?
Hier kannte V den Zweck, für den der Leim von K benötigt wurde, es war also ein bestimmter Gebrauch von beiden Parteien vertraglich vorausgesetzt, der Leim eignete sich aber nicht dafür. K kann daher gemäß §§ 459 I, 462 BGB Wandelung begehren und gemäß §§ 467 S. 1, 346 BGB den Kaufpreis von 5 DM zurückverlangen.
Die Wandelung ist nicht dadurch ausgeschlossen, daß K den Leim schon verarbeitet hat, da sich der zur Wandelung führende Mangel gerade erst bei der Verwendung gezeigt hat (§ 467 S. 1 gegen § 352 BGB).
Schadensersatz nach § 480 II BGB?
V wußte, daß K nur deshalb kauft, weil er den Mangel nicht kannte. Trotz allem verschwieg er ihn. Sein Verschweigen ist arglistig, er muß also Schadensersatz wegen Nichterfüllung leisten. K ist so zu stellen, als ob V ordentlich erfüllt hätte. Hätte V brauchbaren Leim geliefert, wäre K der Schaden von 100 DM nicht entstanden. V muß also 100 DM zahlen. Bei ordentlicher Erfüllung hätte K aber brauchbaren Leim gehabt, während er nun noch einmal 5 DM für ordentlichen Leim aufwenden muß. Er kann also auch noch 5 DM begehren.
V hat den K durch Verschweigen betrogen (§ 263 StGB), er haftet also aus § 823 II BGB und wohl auch aus § 826 BGB. Er hat K gemäß § 249 BGB so zu stellen, als ob das schadenstiftende Ereignis (sein betrügerisches Verschweigen) nicht eingetreten wäre.
Hätte V den Fehler nicht verschwiegen, hätte K den Leim nicht erworben. Wahrscheinlich hätte er dann aber irgendwo anders

---

[1] Vgl. BGH NJW 1979, 161; BGHZ 78, 216 (218f.); Palandt-Heinrichs, BGB, 43. Aufl. 1984, § 119, Anm. 6e.
[2] Vgl. dazu Köhler, BGB, Allg. Teil, 18. Aufl. 1983, § 14 IV 2. c cc.

brauchbaren Leim gekauft und so den Schaden von 100 DM vermieden. V muß daher K auch nach § 823 II BGB die 100 DM Schaden ersetzen und weitere 5 DM, damit K brauchbaren Leim kaufen kann. Hier führen die beiden Methoden der Schadensberechnung zu demselben Ergebnis.
K könnte auch den Kaufvertrag anfechten, da er von V arglistig getäuscht worden ist (§ 123 I BGB). Dies würde ihm aber weniger Vorteile bringen als die Gewährleistungsansprüche aus dem Vertrag.

3.
Gemäß § 459 II BGB haftet V dafür, daß die Sache bei der Übernahme die zugesicherten Eigenschaften hat. Da V erklärt hat, der Leim eigne sich garantiert für die Möbelfabrikation, hat er diese Eigenschaft zugesichert, K kann nach § 462 BGB Wandelung verlangen (woran er kein Interesse haben wird) oder gemäß § 480 II BGB Schadensersatz wegen Nichterfüllung (Berechnung wie im Fall 2).
Beachte *beim Handelskauf die §§ 377, 378 HGB (vgl. Fall 30), bei Arglist des Verkäufers § 377 V HGB.*

Lösung 17

1.
§ 433 II BGB?
Die Vase ist von Frankfurt nach Marburg geschickt und unterwegs zerstört worden. Für das Transportrisiko ist daher § 447 I BGB maßgebend. Greift diese Regelung ein, muß K die Vase bezahlen, obwohl er nur Trümmer erhalten hat und kann nicht nach §§ 440 I, 323 I BGB die Gegenleistung verweigern.
Marburg dürfte nicht als Erfüllungsort anzusehen sein. Der Verkäufer wird sich wohl nicht mit der Vereinbarung eines anderen Erfüllungsortes (§ 269 BGB) einverstanden erklärt haben, so daß es bei der Regelung des § 447 BGB bleibt.
§ 447 BGB ergänzt jedoch nur § 446 BGB, erfaßt also nur den zufälligen Untergang während des Transportes.
Die schlechte Verpackung der Vase beruht aber auf grober Fahrlässigkeit des A. Die Verpflichtung zur sorgfältigen Verpackung ist eine Schuldnerpflicht des V, dieser muß daher für das Verschulden des A einstehen (§ 278 BGB), V hat somit den man-

gelhaften Zustand der Vase zu vertreten. Die §§ 446, 447 BGB scheiden sonach aus.
K kann sich also auf die §§ 320ff. berufen. Die Lieferung der zerstörten Vase ist keine Erfüllung, gemäß § 323 I BGB kann K die Bezahlung verweigern. V hat sich die Lieferung der verkauften Vase unmöglich gemacht, K kann gemäß § 325 I BGB vom Vertrag zurücktreten.

Nicht anwendbar sind die §§ 459ff. BGB. Die Gefahr ist im Zeitpunkt der Aufgabe der Vase bei der Bahn übergegangen (§ 459 i.V.m. § 447 BGB). In diesem Zeitpunkt war die Vase noch nicht beschädigt. Mangelhafte Verpackung kann nicht als Mangel der Vase angesehen werden. Diese hätte ja auch trotz der schlechten Verpackung unbeschädigt ankommen können. (Mängel der Verpackung werden nur bei Vorliegen ganz besonderer Voraussetzungen einem Mangel der Sache gleichgestellt, z.B. wenn die Originalverpackung medizinischer Markenartikel beschädigt oder wenn eine tropensichere Verpackung nicht in Ordnung ist.[1])

2.
Ist § 447 BGB anwendbar?
Nur dann, wenn man in dem Versprechen, die Vase selbst nach Marburg zu transportieren, nicht die Vereinbarung sieht, daß Marburg Erfüllungsort sein soll (§ 447 soll auf die Beförderung durch eigene Leute des Verkäufers analog angewendet werden).[2] Nimmt man an, daß Marburg als Erfüllungsort vereinbart worden ist, hat V nicht erfüllt und bekommt auch nicht den Kaufpreis (§ 323 I BGB).
Der Sachverhalt sagt nichts Ausdrückliches über den Erfüllungsort, jedoch wird man im Fall 2 die Abrede der Parteien so auslegen dürfen, daß Marburg Erfüllungsort sein soll. (S. aber § 269 III BGB.)
Die §§ 459ff. scheiden auch in diesem Falle aus. Die Trümmer der zerstörten Vase sind keine mangelhafte Sache i.S. des § 459.

Beachte: *Eine Gerichtsstandsvereinbarung ist unter den besonderen Voraussetzungen der §§ 29 II und 38 ZPO möglich. Danach ist eine solche Vereinbarung z.B. in den Allgemeinen Geschäftsbedingungen nur zwischen Vollkaufleuten zulässig. Gleiches gilt für die*

---

[1] Vgl. RGZ 59, 123; BGH BB 1983, 1690; Palandt-Putzo, BGB, 43.Aufl. 1984, § 459, Anm. 3a.

[2] RGZ 96, 258; Erman-Weitnauer, BGB, 7.Aufl. 1981, § 447, Rz. 14; Soergel-Ballerstedt, BGB, 10.Aufl. 1967, § 447, Rz. 12. Dagegen mit beachtlichen Argumenten: Medicus, Bürgerl. Recht, 11.Aufl. 1983, Rz. 275.

Vereinbarung des Erfüllungsortes. Andere als Vollkaufleute können den Gerichtsstand erst nach Entstehen einer Streitigkeit schriftlich vereinbaren.

Lösung 18

1. Wandelung des Kaufvertrages gemäß § 462 BGB wegen eines erheblichen Mangels (§ 459 I BGB), der bei Gefahrübergang vorhanden war.
Es ist rechtzeitig gewandelt worden (§ 477 I BGB, s. auch § 209 BGB). Ist die spätere Berufung auf den Bremsenschaden noch möglich?
Hierfür ist nicht § 477 III BGB maßgebend, da nicht verschiedene Ansprüche zur Debatte stehen, sondern lediglich verschiedene Mängel, mit denen ein und derselbe Anspruch auf Wandelung eines bestimmten Kaufvertrages begründet werden soll. Zweck des § 477 BGB ist, möglichst bald Klarheit für den Verkäufer zu schaffen, ob der Kaufvertrag in Ordnung geht oder nicht. Auch ist die zuverlässige Klärung, ob Mängel vorhanden sind und insbesondere, ob sie schon bei Gefahrübergang vorhanden waren, nach längerer Zeit vielfach ausgeschlossen.
Das alles spricht dagegen, daß nach Ablauf der Verjährungsfrist des § 477 BGB im Prozeß noch neue Wandelungsgründe nachgeschoben werden dürfen. A kann sich auf den Mangel der Bremsen nicht berufen.

Vgl. auch § 478 BGB, wo die einredeweise Geltendmachung nach Ablauf der Verjährungsfrist davon abhängig ist, daß der Mangel vor Fristablauf, also innerhalb von 6 Monaten, dem Verkäufer angezeigt worden ist, damit dieser rechtzeitig Klarheit erhält und etwa erforderliche Aufklärungen veranlassen kann.[1]

2. Gemäß § 467 BGB sind die § 350, 351 BGB auf die Wandelung anzuwenden. Beruht die Zerstörung des Wagens wie hier auf Zufall (= auf einem Umstand, den keine der beiden Parteien zu vertreten hat), ist gemäß § 350 BGB die Wandelung nicht ausgeschlossen.[2]

(Dies ist eine etwas sonderbare Regelung, da der Käufer dann nur den Schrott zu-

---

[1] RGZ 78, 297.
[2] Sofern § 350 BGB nicht stillschweigend abbedungen worden ist. Vgl. zur Problematik des § 350 BGB auch Wieling, JuS 1973, 397 (398 ff.).

rückgeben, wohl aber den Kaufpreis zurückfordern kann (s. aber auch § 281). Die gesetzliche Vorschrift erklärt sich daraus, daß der Verkäufer einer mangelhaften Sache keinen Vorteil davon haben soll, daß diese beim Käufer ohne dessen Verschulden untergeht.)

3. Ist der Untergang durch den Käufer verschuldet worden, wie dies hier zutrifft, ist gemäß § 351 S. 1 BGB die Wandelung ausgeschlossen.

4. Hier greift nicht § 350 BGB ein. Dieser betrifft nur die Frage, ob die Wandelung zulässig ist. Hier ist die Wandelung bereits vollzogen worden, und anschließend geht die gekaufte Sache unter. Durch die Wandelung entsteht gemäß §§ 462, 467, 346 ff. BGB ein Schuldverhältnis auf Rückgewähr der empfangenen Leistungen. A ist die ihm obliegende Rückgabe des Wagens unmöglich geworden. Er wird daher gemäß § 275 I BGB von dieser Pflicht frei. (Zur Abtretung seiner Ansprüche gegen X vgl. § 281.)

Beachte: *Beim Kauf von Gebrauchtwagen wird das Gewährleistungsrecht des BGB meist durch Klauseln „wie besichtigt und Probe gefahren" u. ä. ausgeschaltet. Beachte aber auch* § 476 BGB.

5.

a) Ansprüche gegen V

Ansprüche des A gegen V aus dem Kaufvertrag über das Auto sind gemäß § 477 BGB verjährt. Deliktische Ansprüche nach § 823 I BGB scheitern daran, daß den V an dem Unfall des A und der dabei entstandenen Eigentumsverletzung kein Verschulden trifft. Der Fehler an der Bremsanlage war verborgen, V konnte ihn also nicht ohne weiteres erkennen. Als Zwischenhändler hatte V auch nicht die Pflicht, das Fahrzeug auf Mängel zu untersuchen.[1]

b) Ansprüche gegen P

Vertragliche Ansprüche des A gegen P sind nicht gegeben. A und P haben keinen Vertrag geschlossen. Insbesondere für den Abschluß eines Garantievertrages zwischen P und A[2] oder zwi-

---

[1] Vgl. BGH NJW 1981, 1269 f.; 1968, 2238 ff.

[2] In der Praxis sind Herstellergarantien beim Kauf neuer Fahrzeuge üblich. Allerdings gelten sie i. d. R. nicht für zwei Jahre und erfassen überdies zumeist nur die Mängelbeseitigung, nicht auch den Ausgleich von Mangelfolgeschäden, vgl. dazu Palandt-Thomas, BGB, 43. Aufl. 1984, § 823, Anm. 16 B a aa und Medicus, SchuldR

schen P und V zugunsten des A (§ 328 I BGB)[1] bestehen keine Anhaltspunkte. Auch kann in dem zwischen P und V geschlossenen Vertrag über das Auto kein Vertrag mit Schutzwirkung zugunsten des A als Dritten[2] gesehen werden, da es an einer hierzu erforderlichen Schutzpflicht des V für A fehlt.

Als Anspruchsgrundlage gegen P kommt für A somit lediglich § 823 I BGB in Betracht. P hat mit dem Konstruktionsfehler in der Bremsanlage den Unfall und damit die Eigentumsverletzung[3] des A widerrechtlich verursacht. Fraglich ist das Verschulden des P. In der Praxis wird es dem A schwerfallen, dem P ein Verschulden bei der Konstruktion der Bremsanlage nachzuweisen, da er in den Geschehensablauf bei der Herstellung dieser Anlage keinen Einblick hat. Eine aus der Lebenserfahrung abgeleitete Vermutung einer schuldhaften Organisationspflichtverletzung[4] durch P wird dieser u. U. durch den Nachweis der bloßen Möglichkeit eines Geschehensablaufs, bei dem der Konstruktionsfehler ohne sein Verschulden entstanden ist, widerlegen können.[5]

Zur Vermeidung der als unbillig empfundenen Situation, daß Geschädigte, deren vertragliche Ansprüche verjährt sind, mit deliktischen Ansprüchen am fehlenden Nachweis eines Verschuldens des Produktherstellers zu scheitern drohen, hat die Rechtsprechung für Fälle der hier vorliegenden Art die sog. Produzentenhaftung entwickelt. Danach muß der Geschädigte lediglich nachweisen, daß sein Schaden durch einen objektiven

---

II, § 77 II 1. Im Einzelfall ist jedoch auch eine andere Auslegung eines Garantievertrages möglich.

[1] Vgl. dazu BGH NJW 1979, 2036 f.

[2] Vgl. zu dieser Konstruktion Larenz, Lehrb. d. SchuldR, Bd. I, 13. Aufl. 1982, § 17 II; Medicus, Bürgerl. Recht, 11. Aufl. 1983, Rz. 839 ff.; Brox, Allg. SchuldR, 12. Aufl. 1984, Rz. 376 ff.

[3] Dazu, daß eine Eigentumsverletzung i. S. v. § 823 I BGB auch vorliegen kann, wenn aufgrund eines Mangels eines Teils einer Sache nicht eine andere Sache, sondern die Sache selbst beschädigt wird, vgl. BGHZ 86, 256 (260 ff.); BGH NJW 1978, 2241 ff.; Palandt-Thomas, BGB, 43. Aufl. 1984, § 823, Anm. 16 A und 5 b.

[4] Vgl. dazu BGH NJW 1973, 1602 ff.; Jauernig-Teichmann, BGB, 3. Aufl. 1984, § 823, Anm. II B 3. e; Larenz, Lehrb. d. SchuldR, Bd. II, 12. Aufl. 1981, § 73 VI; Medicus, Bürgerl. Recht, 11. Aufl. 1983, Rz. 814, 656 f.

[5] Vgl. zur Entkräftung eines sog. Anscheinsbeweises BGH NJW 1969, 277 und 2136 (2137); BGHZ 8, 239 ff.; Palandt-Heinrichs, BGB, 43. Aufl. 1984, Vorb. 8 a aa v. § 249.

Mangel oder den Zustand der Verkehrswidrigkeit im Organisations- und Gefahrenbereich des Herstellers (d.h. durch die Verletzung einer Verkehrssicherungspflicht) verursacht wurde. Ein Verschulden des Produzenten braucht er hingegen in Abweichung von der üblichen Beweislastregelung nicht nachzuweisen. Vielmehr muß der Hersteller, will er der Haftung für ein fehlerhaftes Produkt entgehen, darlegen bzw. beweisen, daß er den Fehler nicht verschuldet hat. Aufgrund dieser Verschuldensvermutung zulasten des Produzenten trifft diesen das Risiko einer fehlenden Aufklärung der Verschuldensfrage.[1] Im vorliegenden Fall ist die Verschuldensfrage ungeklärt. Demnach wird ein Verschulden des P vermutet, so daß P dem A nach § 823 I BGB haftet.[2]

Lösung 19

1.
K hat keinen Anspruch gegen S erworben. Gutgläubiger Erwerb einer nicht existierenden Forderung ist grundsätzlich nicht möglich (vgl. aber § 405 BGB).
Ansprüche K gegen V.
Die §§ 306 ff. BGB finden keine Anwendung. Zwar kann eine nicht bestehende Forderung von niemandem übertragen werden, so daß ursprüngliche objektive Unmöglichkeit gegeben wäre. § 437 I BGB, wonach der Verkäufer einer Forderung für deren rechtlichen Bestand haftet, verdrängt jedoch den § 306 BGB. *Grund: Der Käufer einer Forderung ist besonders schutzbedürftig. Die Existenz der Forderung ist oft schwer nachzuweisen, andererseits ist der Erwerb einer nicht existierenden Forderung kraft guten Glaubens ausgeschlossen. Es müssen also wenigstens sichere Ansprüche gegen den Verkäufer geschaffen werden. Deshalb werden vertragliche Ansprüche gegen diesen (u.a. auf Ersatz des*

---

[1] Vgl. dazu BGHZ 51, 91 (102 ff.); 59, 303 (309); 67, 359 (362 ff.); 80, 186 (195 ff.); Palandt-Thomas, BGB, 43. Aufl. 1984, § 823, Anm. 16 (D c ff.); Larenz, Lehrb. d. SchuldR, Bd. II, 12. Aufl. 1981, § 41 a; Medicus, Bürgerl. Recht, 11. Aufl. 1983, Rz. 650 ff.

[2] Im Zusammenhang mit der Produzentenhaftung sollte regelmäßig als mögliche Anspruchsgrundlage auch § 823 II BGB i.V.m. § 3 GerätesicherheitsG (BGBl. III 8053-4) in Betracht gezogen werden. Für Fahrzeuge gilt dieses Gesetz allerdings nicht (§ 1 II, 1).

Erfüllungsinteresses) eingeräumt und nicht bloß die bei objektiver Unmöglichkeit aus § 307 BGB gegebenen Ansprüche (auf Ersatz des Vertrauensschadens).[1]

I. Außervertragliche Rechte des K.

Die irrtümliche Annahme des K, daß die abgetretene Forderung existiere, berechtigt zur Anfechtung des Kaufvertrages nach § 119 II BGB.

Der Wortlaut des § 119 II erfaßt zwar nur Irrtümer über Eigenschaften einer *Sache*, wegen Gleichheit der Interessenlage wird die Vorschrift jedoch auch auf Irrtümer über Eigenschaften von Rechten angewendet. Die Existenz des Rechts ist eine solche verkehrswesentliche Eigenschaft.

Durch die Anfechtung wird die Erklärung des K gemäß § 142 I nichtig, damit wird der Kaufvertrag, der 2 Erklärungen voraussetzt, hinfällig.

Dadurch ist der Rechtsgrund für die Zahlung der 400 DM weggefallen. K kann Rückgabe des Geldes nach § 812 I S. 2 fordern (s. aber 818 III und dazu Lösung 21).

Die vertraglichen Ansprüche (s. Ziff. II) schließen die Irrtumsanfechtung nach § 119 II BGB nicht aus.[2] Allerdings kommt der Anfechtung neben den vertraglichen Ansprüchen keine große Bedeutung zu.

II. Vertragliche Ansprüche des K.

a) §§ 437, 440, 320 ff. BGB?

Anspruch auf Schadensersatz wegen Nichterfüllung aus § 325 I BGB.

§ 325 betrifft zwar nur die nachträgliche Unmöglichkeit, wegen der in § 440 BGB enthaltenen Verweisung auf § 325 BGB erfaßt er hier i. V. m. § 437 BGB aber auch die ursprüngliche Unmöglichkeit.

Daß V diese Unmöglichkeit zu vertreten hat, ergibt sich aus § 437 BGB, wonach er für den Bestand der Forderung haftet.

K kann von V somit Schadensersatz wegen Nichterfüllung verlangen. Er ist so zu stellen, als ob V ordnungsgemäß erfüllt hät-

---

[1] Vgl. Palandt-Putzo, BGB, 43. Aufl., 1984, § 437 Anm. 1.

[2] Wie hier z. B. Erman-Brox, BGB, 7. Aufl. 1981, § 119, Rz. 19; Palandt-Heinrichs, BGB, 43. Aufl. 1984, § 119, Anm. 6 e.

te. Dann hätte V für 400 DM eine Forderung von 500 DM und, Zahlungsfähigkeit des Schuldners unterstellt, demnächst auch 500 DM in bar erhalten. (Daß der Käufer einer Forderung das Risiko übernimmt, evtl. nicht in voller Höhe beitreiben zu können, und daß er vielleicht deshalb nur einen geringeren Kaufpreis zahlt, soll hier außer Betracht bleiben.) Da K seine 400 DM bereits gezahlt hat, kann er also von V 500 DM fordern.

b) K kann, statt Schadensersatz wegen Nichterfüllung zu verlangen, auch gemäß §§ 325, 327, 346 BGB vom Vertrag zurücktreten; er bekommt dann seine 400 DM zurück. Ein Schadensersatzanspruch ist dann ausgeschlossen.

c) K kann Rückgabe der 400 DM auch nach §§ 325 I S. 3, 323 III i. V. m. § 812 I S. 1 BGB begehren.

2.

a) Vertragliche Ansprüche aus §§ 437, 440, 320 ff. BGB wie in Fall 1, desgleichen ist die Anfechtung aus § 119 II BGB mit der Folge eines Bereicherungsanspruches möglich.

b) K ist von V arglistig getäuscht worden und kann seine Erklärung beim Abschluß des Kausalgeschäftes auch nach § 123 BGB anfechten.

Folge: Rückforderung der 400 DM aus § 812 I S. 2 BGB. Auch zur Übereignung des Geldes ist er durch die arglistige Täuschung bestimmt worden, so daß er auch seine Übereignungserklärung im Rahmen der Zahlung (= Übereignung der 400 DM von K an V gemäß § 929 BGB) durch Anfechtung vernichten kann.

Damit wird die Übereignung hinfällig, K wird rückwirkend wieder selbst Eigentümer und kann das Geld gemäß § 985 BGB zurückfordern.[1]

c) Ansprüche aus unerlaubter Handlung.

§ 823 I BGB nicht, da keine Eigentumsverletzung, sondern nur eine Forderungsverletzung vorliegt. § 823 II BGB i. V. m. § 263 StGB (Betrug) ist gegeben. V haftet nach § 249 BGB auf Schadensersatz von 400 DM. Hätte er K nicht getäuscht, hätte dieser

---

[1] Die Vermischungsprobleme (§§ 948 ff.) sollen hier außer Betracht bleiben; vgl. zu diesen Lent-Schwab, SachenR, 19. Aufl. 1983, § 34 IV.

nicht 400 DM bezahlt. Er hätte dann aber auch keine Forderung von 500 DM erwerben können. Auch § 826 BGB liegt vor.

3.
a) V hatte keine Kenntnis. Nach § 438 BGB haftet er für die Zahlungsfähigkeit nur, wenn er diese Haftung besonders übernommen hat. Das trifft nicht zu.
b) V hatte Kenntnis.
§ 438 wie oben.
Der Erwerber einer Forderung nimmt zwar das Risiko, ob der Schuldner bezahlen kann, auf sich. Mit einer völligen Vermögenslosigkeit des Schuldners braucht er hingegen im allgemeinen nicht zu rechnen (vgl. auch §§ 321, 610 BGB).
Der Veräußerer der Forderung braucht den Erwerber zwar nicht auf alle Bedenken gegen die Zahlungsfähigkeit des Schuldners hinzuweisen, wohl aber wird er verpflichtet sein zu offenbaren, daß der Schuldner völlig vermögenslos und die Beitreibung der Forderung aussichtslos ist, wenn er dies weiß. Dies ist eine Nebenpflicht aus dem Kaufvertrag.
V hat sie verletzt und also eine positive Vertragsverletzung begangen. Er haftet daher nach §§ 280/6, 325/6 (analog)[1] auf Schadensersatz wegen Nichterfüllung, also auf 500 DM. (Der etwaige „Risikofaktor", von dem im Fall 1 die Rede war, soll auch hier außer Betracht bleiben.) K könnte auch vom Vertrag zurücktreten (Rechtsfolgen wie oben II b).
Die Verletzung der Aufklärungspflicht ist zugleich eine arglistige Täuschung, daher Anfechtung des Kaufvertrages und der Übereignung durch K nach § 123 BGB möglich. Rechtsfolgen wie oben 2 b.
Der Irrtum über die Vermögenslosigkeit berechtigt zur Anfechtung des Kaufvertrages nach § 119 II BGB. Rechtsfolge: Anspruch aus § 812 I S. 2 BGB wie oben 1 I.
Der Verkauf einer Forderung in Kenntnis der totalen Vermögenslosigkeit des Schuldners stellt auch einen Betrug (§ 263 StGB) dar. Daher Schadensersatzpflicht des V nach § 823 II BGB und § 826 BGB i. V. m. § 249 BGB.

---

[1] Zur Ableitung der Haftung f. pos. Vertr. Verletzungen vgl. etwa Larenz, Lehrb. d. SchuldR Bd. I, 13. Aufl. 1982, § 24 I.

Beachte: *Der Kaufvertrag V-K ist, wenn V den K arglistig getäuscht hat, nicht etwa gemäß § 138 BGB nichtig; die Regelung des § 123 BGB geht vor. Grund: Der ungetreue V darf nicht die Möglichkeit erhalten, die Unwirksamkeit des Vertrages geltend zu machen, was alle vertraglichen Ansprüche des betrogenen K ausschließen würde. Das Gesetz überläßt es durch die in § 123 BGB getroffene Regelung vielmehr dem K zu entscheiden, ob er den Vertrag bestehen lassen und die aus ihm resultierenden Ansprüche geltend machen oder ob er ihn durch Anfechtung vernichten will. K entscheidet also über den Bestand des Rechtsgeschäftes. Dies ist Ausdruck einer freiheitlichen Rechtsordnung, die von der Einzelperson und ihrem Willen ausgeht. In planwirtschaftlichen Rechtsordnungen, wo sich die einzelnen Rechtsgeschäfte innerhalb des Planes halten müssen (wie z. B. die Verträge, die einzelne volkseigene Betriebe in der DDR untereinander abschließen), gibt es entweder gar keine Anfechtung durch Parteierklärung, sondern nur die Nichtigkeit wegen Widerspruches zum Plan usw., oder die Anfechtung wird wenigstens stark eingeschränkt bzw. umgestaltet.*

Beachte aber, *daß der gutgläubige Erwerb einer in einem Wertpapier verbrieften Forderung möglich ist (vgl. Fall 37).*

Lösung 20

1.

Anspruchsgrundlage : § 538 I BGB.

Voraussetzung ist ein wirksamer Mietvertrag.

Diese Voraussetzung erscheint wegen der §§ 306 ff. BGB zweifelhaft, da niemand in der Lage ist, A und B den gemieteten Raum ab 1. 11. zu Wohnzwecken zu überlassen. Wie sich jedoch aus §§ 537 ff. BGB (vgl. auch §§ 459 ff. BGB) ergibt, ist der Mietvertrag auch dann gültig, wenn die vermietete Sache mit einem Fehler behaftet ist, der ihre Tauglichkeit zu dem vereinbarten Gebrauch völlig aufhebt. Diese Paragraphen sind Spezialvorschriften gegenüber § 306.

Grund für diese Regelung: Der Mieter soll die Ansprüche aus dem bestehenden Vertrag haben (Garantiehaftung des Vermieters ohne Rücksicht auf Verschulden für ursprüngliche Mängel gemäß § 538 I 1. Alt. BGB und Möglichkeit, das positive Interesse zu verlangen). Der Mieter soll nicht auf die für ihn ungünstigeren Bestimmungen

der §§ 306ff. (Haftung des Vermieters nur bei Verschulden und zwar auf das Vertrauens-, nicht auf das Erfüllungsinteresse) verwiesen werden. Die §§ 306ff. BGB werden daher im Mietrecht nur dann angewendet, wenn die Gebrauchsüberlassung gänzlich unmöglich ist, also z. B. dann, wenn das Haus infolge eines Brandes zusammengestürzt wäre.[1] *Der Mieter hat zwar in solchen Fällen das gleiche Interesse an den vertraglichen Ansprüchen wie bei der Miete einer mangelhaften Sache, jedoch muß der Vermieter u. U. stärker geschützt werden. Während die vorhandenen Mängel beseitigt und damit weitere Schadensersatzansprüche verhindert werden können, ist die Herstellung der vernichteten Sache meist ausgeschlossen. Eine Garantiehaftung ohne Rücksicht auf Verschulden könnte den Vermieter hier unbillig hart treffen.*
Die Wohnung war beim Abschluß des Vertrages infolge des Brandes mit einem erheblichen Mangel behaftet. Da der Vermieter für ursprüngliche Mängel gemäß § 538 I 1. Alt. BGB ohne Rücksicht auf Verschulden haftet, können A und B von der N Schadensersatz wegen Nichterfüllung verlangen, d.h. sie müssen so gestellt werden, als ob sie termingerecht das Zimmer bezogen hätten. In diesem Fall wären keine Mehrkosten für den Hotelaufenthalt entstanden. Diese sind daher zu ersetzen.

2.
Anspruchsgrundlage: § 535 S. 2 BGB i.V.m. § 427 und § 421 BGB.
A und B sind, da sie den Vertrag gemeinsam geschlossen haben, hinsichtlich der Mietzinszahlung Gesamtschuldner. Frau N kann also den vollen Mietzins wahlweise von jedem der beiden Mieter verlangen.
Die Abrede, daß A und B jeweils nur 50% zu zahlen haben, wirkt nur im Verhältnis zwischen A und B, nicht aber auch gegenüber Frau N.

3.
a) Vertragliche Ansprüche.
Positive Vertragsverletzung (Rechtsanalogie zu den §§ 280, 286, 325, 326 BGB) wegen Verletzung einer vertraglichen Nebenpflicht.

---

[1] Vgl. Palandt-Putzo, BGB, 43. Aufl. 1984, § 536, Anm. 5 b, § 537, Anm. 1 c bb.

Dem Mieter obliegt hinsichtlich der vom Vermieter gemieteten Sache eine Obhutspflicht. Diese Pflicht hat A schuldhaft verletzt, indem er fahrlässig das Bild zerschlagen hat (vgl. § 276 BGB). Gegen ihn hat Frau N einen Schadensersatzanspruch.
Auch gegen B? Zwar obliegt auch B die Obhutspflicht. Das heißt aber nicht, daß er für das Verschulden des anderen mithaftet. Die von A begangene positive Vertragsverletzung wirkt nur gegen diesen selbst; § 425 I u. II BGB (str.). B ist daher nicht zum Schadensersatz verpflichtet.
b) Deliktische Ansprüche.
§ 823 I BGB? A hat den N einen Schaden zugefügt, indem er ihr Eigentum, ohne hierzu berechtigt zu sein, fahrlässig beschädigt hat. Er ist also zum Schadensersatz verpflichtet. Gegen B besteht kein Anspruch.

Lösung 21

1. Zwischen V und K ist ein Kaufvertrag unter Eigentumsvorbehalt geschlossen worden (§§ 433, 455 BGB).
Die *Übereignung* des Ofens ist unter der aufschiebenden Bedingung (§ 158 I BGB) der vollständigen Kaufpreiszahlung erfolgt (Bedingt ist also nur die Übereignung, nicht etwa der Kaufvertrag.)
K ist unmittelbarer Besitzer, V mittelbarer (§ 868 BGB). (Rücktrittsmöglichkeit für V, s. § 455).

2. § 985 BGB?
X ist Besitzer, V hat sein Eigentum nicht an K übertragen, sondern sich das Eigentum gerade vorbehalten.
K hat gemäß § 929 BGB an X übereignet, ist aber nicht Eigentümer. Dies war X unbekannt, ohne daß ihm grobe Fahrlässigkeit zur Last fällt (§ 932 II BGB). Da V den Ofen freiwillig aus der Hand gegeben hatte und § 935 I BGB somit nicht vorliegt, hat X nach § 932 I BGB Eigentum erworben.
Das Eigentum des V ist untergegangen, also steht ihm kein Anspruch aus § 985 zu.

3. V hat auf jeden Fall Anspruch auf Zahlung des Kaufpreises gem. § 433 II BGB.
Er will aber offensichtlich unmittelbar auf das von X an K gezahlte Geld zugreifen. Hierzu verhilft ihm § 816 I BGB. K war

Nichtberechtigter, da er nicht Eigentümer war. Er hat durch Übereignung über den Ofen verfügt, dieser Verfügung ist gegenüber V wirksam (§ 932 BGB). K ist zur Herausgabe des „Erlangten", also der 240 DM, verpflichtet.

(Die 240 DM sind zwar nicht durch die „Verfügung" = die Übereignung erlangt, sondern durch den Kaufvertrag K-X. Das Gesetz ist etwas unscharf formuliert. Man muß hier das Kausalgeschäft und das Verfügungsgeschäft ausnahmsweise als eine Einheit betrachten.)

Durch die Verfügung über den Ofen hat K ein objektiv fremdes Geschäft besorgt (zu der Verfügung war nur V berechtigt). Er besorgte dieses fremde Geschäft als eigenes (er wollte das Geld behalten) und wußte, daß er nicht zu der Veräußerung berechtigt ist; es liegt also eine unechte Geschäftsführung ohne Auftrag vor, die K zur Herausgabe des Erlangten, also der 240 DM, verpflichtet (§§ 687 II, 681 S. 2, 667 BGB).

4. K möchte sich gegenüber dem Anspruch des V aus § 816 I S. 1 BGB offenbar auf den Wegfall der Bereicherung (§ 818 III BGB) berufen.
K wußte jedoch, daß er nicht berechtigt war, die 240 DM in Empfang zu nehmen (§ 819 I BGB). In diesem Fall ist der Wegfall der Bereicherung unschädlich. K haftet vielmehr (nach den §§ 819 I, 818 IV, 292, 989 BGB) auf Schadensersatz, muß also auf jeden Fall die 240 DM herausgeben.

5. Sofern dem V ein weitergehender Schaden entstanden ist (z. B. Prozeßkosten), könnte V Schadensersatz fordern aus positiver Vertragsverletzung und nach § 823 I BGB (Eigentumsverletzung), 823 II BGB i. V. m. § 246 StGB (Unterschlagung), § 826 BGB, § 687 II S. 1 BGB i. V. m. § 678 BGB.[1]

6. X war bösgläubig, konnte also nicht nach § 932 BGB Eigentümer werden. V ist noch Eigentümer und kann nach § 985 BGB Herausgabe des Ofens verlangen.

Beachte: *Der Bereicherungsanspruch gegen den gutgläubigen rechtsgrundlosen Erwerber ist schwächer als sonstige Ansprüche auf*

---

[1] Auf die zwischen den §§ 987 ff. und 823 ff. bestehenden Konkurrenzprobleme kann hier nicht eingegangen werden. Vgl. dazu BGHZ 31, 129 ff.; Medicus, Bürgerl. Recht, 11. Aufl. 1983, Rz. 595 f.; Lent-Schwab, SachenR, 19. Aufl. 1983, § 45 IV 3.

Rückgabe; er ist davon abhängig, daß die eingetretene Bereicherung noch vorhanden ist. Grund: Wer etwas erlangt hat, ohne zu wissen, daß der Rechtsgrund fehlt und daß er es wieder herausgeben muß, wird den erlangten Wert in seinen wirtschaftlichen Dispositionen mit berücksichtigen, wird also vielleicht Ausgaben machen, die er sonst nicht vorgenommen hätte. Soweit er mit Hilfe des rechtsgrundlos Erlangten Gegenstände anschafft, die in seinem Vermögen bleiben, ist es billig, daß er wenigstens den Wert des Erlangten ersetzt, wenn er dieses selbst nicht mehr herausgeben kann (§ 818 II BGB). Er ist in diesem Fall auf Kosten des wahren Berechtigten bereichert, ohne daß ein Rechtsgrund hierfür besteht. Hat er hingegen z. B. mit Hilfe des Erlangten eine Ferienreise finanziert, die er sonst unterlassen hätte, dann müßte er sein sonstiges Vermögen angreifen, wenn er auch in diesem Fall das seinerzeit Erlangte und nun nicht mehr Vorhandene wieder herausgeben bzw. ersetzen sollte. Sein sonstiges Vermögen aber soll eben gerade in diesen Fällen unangetastet bleiben; das Gesetz mutet eher dem Entreicherten den Verlust seines Anspruches zu. Daher die auf den ersten Blick befremdliche Regelung des § 818 III BGB.

Lösung 22

1. Eine Übereignung gemäß § 929 S. 1 BGB (Einigung und Übergabe) ist nicht möglich, da der Lkw im Unternehmen des K bleibt.
Hier ist Übereignung nach §§ 929, 930 BGB erfolgt: Einigung wie bei § 929. Die Übergabe wird ersetzt durch die Vereinbarung eines Rechtsverhältnisses zwischen K und X, so daß K unmittelbarer Besitzer bleibt, X aber mittelbarer Besitzer (§ 868 BGB) wird. Solche Rechtsverhältnisse sind z. B. Verwahrung (§ 690) oder Leihe (§ 598), beide unentgeltlich, weiter Miete (§ 535 BGB) und Pacht (§ 581 BGB), beide entgeltlich.
Hier dürfte eine Leihe des an X übereigneten Wagens von X an K gewollt sein.

2. X kann den Lkw weiter übereignen.
Auch die Übereignung einer Sache als Sicherheit für ein Darlehen bildet, obgleich sie von der wirtschaftlichen Funktion her eher der Hingabe eines Pfandes ähnelt, rechtlich eine Übereignung. Sie erfolgt daher in den Formen der §§ 929 ff. BGB.

Im vorliegenden Fall scheidet eine Übereignung nach § 929 S. 1 BGB aus, da sich der Lkw nicht im unmittelbaren Besitz des X befindet und auch nicht in den unmittelbaren Besitz der B-Bank übergehen soll. Er soll vielmehr im unmittelbaren Besitz des K bleiben. Mangels unmittelbaren Besitzes der B-Bank scheidet auch eine Übereignung nach § 929 S. 2 BGB aus.

X kann sich aber mit der B-Bank gemäß § 929 BGB einigen und die Übergabe durch Abtretung seines gegen K bestehenden Herausgabeanspruchs (§ 604 BGB[1]) ersetzen (§ 931 BGB). Die Abtretung dieses Herausgabeanspruchs erfolgt nach § 398 BGB. Auf diese Weise wird die B-Bank Eigentümerin des Lkw.

Denkbar wäre auch eine Übereignung nach §§ 929, 930 BGB (mehrstufiger mittelbarer Besitz): X wird mittelbarer Besitzer der ersten, die B-Bank der zweiten Stufe. Die zwischen X und der B-Bank getroffene Sicherungsabrede bildet dabei das nach § 930 BGB erforderliche Besitzmittlungsverhältnis.[2]

Beachte: *Die Sicherungsübereignung einer Sache, die sich im unmittelbaren Besitz des Sicherungsgebers befindet (Beispiel: Kfz des Darlehensnehmers) erfolgt regelmäßig in der Form der §§ 929, 930 BGB. Bei der Sicherungsübereignung ist zu beachten, daß das Sicherungsgut rechtlich in das Eigentum des Sicherungsnehmers übergeht. Demgemäß kann der Sicherungsnehmer z. B. bei einer Pfändung des Sicherungsgutes durch Gläubiger des Sicherungsgebers nach § 771 ZPO Drittwiderspruchsklage erheben.*[3] *Wirtschaftlich verbleibt das Sicherungsgut jedoch im Vermögen des Sicherungsgebers. Dieser darf das Sicherungsgut (z. B. „sein" an die Bank sicherungsübereignetes Kfz) weiter nutzen, was für ihn gegenüber*

---

[1] Vgl. dazu, daß § 931 BGB nur die Abtretung des schuldrechtlichen Herausgabeanspruchs und nicht diejenige des Anspruchs aus § 985 BGB meint, BGH NJW 1959, 1536 (1538); Palandt-Bassenge, BGB, 43. Aufl. 1984, § 931, Anm. 3 a aa; Jauernig-Jauernig, BGB, 3. Aufl. 1984, § 931, Anm. 2 b.; Lent-Schwab, SachenR, 19. Aufl. 1983, § 29 III, 4.

[2] h. M. Vgl. dazu BGH NJW 1979, 2308 f.; Palandt-Bassenge, BGB, 43. Aufl. 1984, § 930, Anm. 4 a cc; Jauernig-Jauernig, BGB, 3. Aufl. 1984, § 930, Anm. 5 D b ee; Medicus, Bürgerl. Recht, 11. Aufl. 1983, Rz. 491. Zur Ehe als Besitzmittlungsverhältnis vgl. BGH NJW 1979, 976 (977).

[3] Vgl. BGH NJW 1981, 1836 f.; BGHZ 12, 141 (146); Baur, SachenR, 12. Aufl. 1983, § 57 V 2.; Medicus, Bürgerl. Recht, 11. Aufl. 1983, Rz. 513. Anders jedoch die Lage im Konkurs des Sicherungsgebers, vgl. dazu Baur, a. a. O., § 57 V 1 und Medicus, a. a. O., Rz. 512.

der Hergabe eines Pfandes nach § 1205 BGB einen erheblichen Vorteil darstellt.

Nach Begleichung der gesicherten Forderung erlangt der Sicherungsgeber wieder das Eigentum an dem Sicherungsgut. Entweder ergibt sich aus dem Sicherungsvertrag eine Verpflichtung zur Rückübereignung, oder die Übereignung selbst war durch den Fortfall des Sicherungszwecks auflösend bedingt. Die letztgenannte Möglichkeit ist für den Sicherungsgeber regelmäßig die günstigere Gestaltungsform, da sie aufgrund der §§ 161 II, 936 III, 986 II BGB einen besseren Schutz vor vertragswidriger Veräußerung des Sicherungsgutes durch den Sicherungsnehmer nach § 931 BGB gewährleistet.[1] *Dieser Schutz hat zur Folge, daß man in diesen Fällen von einem Anwartschaftsrecht des Sicherungsgebers auf Rückerlangung des Eigentums an dem Sicherungsgut sprechen kann.*[2]

3. In diesem Fall ist K nicht Eigentümer. H hat ihm das Eigentum nur aufschiebend bedingt verschafft (§§ 455, 158 I BGB). Da K noch nicht gezahlt hat, ist die Bedingung für den Eigentumserwerb noch nicht eingetreten.

K kann also dem X nicht nach §§ 929, 930 Eigentum übertragen. Ein gutgläubiger Erwerb des X ist nach §§ 929, 933 nur dann möglich, wenn ihm der Lkw von K übergeben wird. Da dies nicht der Fall ist, erwirbt X kein Eigentum.[3]

4. Der Veräußerer X war nicht Eigentümer des Lkw (vgl. Fall 3), konnte daher nicht nach §§ 929, 931 Eigentum übertragen. Ist ein gutgläubiger Erwerb nach § 934 möglich?

X ist infolge des mit K vereinbarten Besitzkonstitutes zwar nicht Eigentümer, aber doch mittelbarer Besitzer geworden. Der unmittelbare Besitzer K besitzt jetzt für *ihn* (ist sein Besitzmittler)

---

[1] Vgl. dazu Baur, SachenR, 12. Aufl. 1983, § 57 VIII i. V. m. §§ 57 II 1 b, 59 V 5 b bb; Medicus, Bürgerl. Recht, 11. Aufl. 1983, Rz. 504.

[2] Vgl. zu den Problemen des Anwartschaftsrechts z. B. Palandt-Bassenge, BGB, 43. Aufl. 1984, § 929, Anm. 6 B b; Medicus, Bürgerl. Recht, 11. Aufl. 1983, Rz. 456 ff.; Lent-Schwab, SachenR, 19. Aufl. 1983, § 30 II 2 ff.; Schwerdtner, Jura 1980, 609 ff., 661 ff.

[3] Die Übertragung des sog. Anwartschaftsrechts soll in den Fällen 3 und 4 nicht geprüft werden. Grundsätzlich wird ein Anwartschaftsrecht in den für das Vollrecht geltenden Formen, hier also nach §§ 929 ff. BGB, übertragen, vgl. dazu BGHZ 75, 221 (225); 28, 16 (27); Jauernig-Jauernig, BGB, 3. Aufl. 1984, § 929, Anm. 6 F c; Medicus, Bürgerl. Recht, 11. Aufl. 1983, Rz. 473.

und nicht mehr für den H. Dieser hat dadurch seinen bisherigen mittelbaren Besitz (auf Grund des Eigentumsvorbehaltes)[1] verloren.
X hat gegen K einen Herausgabeanspruch aus Leihvertrag (§ 604 BGB – vgl. oben Fall 2; daß K nicht Eigentümer ist, spielt keine Rolle). Diesen Anspruch hat er an B abgetreten. Falls B bei der Abtretung des Herausgabeanspruches gutgläubig war (§ 932 II), kann sie Eigentum erwerben (§ 934 1. Alternative).[2]
Gegen den guten Glauben der B-Bank bestehen jedoch Bedenken: Wahrscheinlich wird der Kfz-Brief bei dem Eigentümer des Lkw, also bei dem Händler H verblieben sein. Wenn der Veräußerer (X) den Kfz-Brief nicht in der Hand hat, ist dies für den Erwerber (B) im allgemeinen ein Grund, sehr vorsichtig zu sein. Erwirbt man ein Kfz, obwohl der Veräußerer den Kfz-Brief nicht vorweisen kann, und stellt sich dann heraus, daß das Fahrzeug einem Dritten gehörte, wird meist grobe Fahrlässigkeit des Erwerbers zu bejahen und folglich ein gutgläubiger Erwerb des Eigentums zu verneinen sein (vgl. § 932 II BGB).

Auffällig ist das unterschiedliche Ergebnis in den Fällen §§ 930, 933 einerseits und in §§ 931, 934 andererseits. Der Veräußerer ist in beiden Fällen nur mittelbarer Besitzer, dennoch wird im Fall 3 gemäß §§ 930, 933 BGB der Erwerber nur dann geschützt, wenn ihm der unmittelbare Besitz verschafft wurde, was im Fall 4 gemäß §§ 931, 934 nicht nötig ist. Warum?[3]

Beachte: *Man kann, wie man aus den §§ 930, 931 ersieht, nicht generell sagen, das BGB fordere, daß Übereignungsakte durch die Besitzübertragung „offenkundig gemacht werden". Die sichtbare Besitzübertragung kann vielmehr in weitem Umfang durch „unsichtbare" Abreden, die an dem allein sichtbaren unmittelbaren Besitz nichts ändern, ersetzt werden.*
Zur Übereignung durch Einigung und Übergabe eines Traditionspapieres vgl. §§ 424, 450 und 650 HGB. Die Übereignung durch Einigung und Übergabe des Frachtbriefdoppels fällt dagegen unter § 931 BGB.

---

[1] Alles sehr umstritten. Auf Einzelheiten einzugehen, würde zu weit führen. Vgl. dazu BGHZ 50, 45 ff.

[2] Vgl. BGH NJW 1968, 1382. Bei Vereinbarung mehrstufigen mittelbaren Besitzes scheidet gutgläubiger Erwerb aus (s. Text unter 3., vgl. auch Münchener Kommentar-Quack, 1981, § 933, Rz. 12).

[3] Vgl. dazu Wolf, StudK BGB, 2. Aufl. 1979, §§ 929–934, Anm. III 2 c; Lent-Schwab, SachenR, 19. Aufl. 1983, § 32 IV 4.

Beachte ferner § 18 III DepotG (vgl. dazu Fall 31).

5. Der Fall behandelt das Problem der Kollision einer Globalzession mit einem verlängerten Eigentumsvorbehalt.[1] K hat den Kaufpreisanspruch gegen D bereits vor dessen Entstehung an die B-Bank abgetreten (§ 398 BGB).
Die Abtretung künftiger Forderungen ist bei hinreichender Bestimmbarkeit der Forderungen (Bestimmtheitsgrundsatz des Sachenrechts) grundsätzlich zulässig.[2] Die anschließende, gemäß dem verlängerten Eigentumsvorbehalt erfolgte Vorausabtretung derselben Forderung an Z konnte die Abtretung an die B-Bank nicht im nachhinein unwirksam machen. Zum Zeitpunkt ihrer Entstehung war die Kaufpreisforderung gegen D somit sowohl an die B-Bank wie auch an Z abgetreten. Der Bundesgerichtshof hat der Lösung einer solchen Konfliktlage das Prioritätsprinzip zugrunde gelegt. Danach ist grundsätzlich nur die zeitlich erste Vorausabtretung wirksam;[3] nach diesem Prinzip stünde die Forderung gegen D der B-Bank zu. Jedoch ist die unbeschränkte Globalzession an die B-Bank nach §§ 134 und 138 I BGB unwirksam. Die Sittenwidrigkeit dieser Abtretung folgt dabei, falls nicht ohnehin eine Übersicherung[4] der Bank vorliegt, daraus, daß die Globalzession den K zur Täuschung seiner – regelmäßig nur unter verlängertem Eigentumsvorbehalt liefernden – Zulieferer anstiftet bzw. ihn zum Bruch bestehender Verträge mit Zulieferern verleitet. Es wird also darauf abgestellt, daß K in der Geschäftspraxis Waren grundsätzlich nur erhalten kann, wenn er die Vorausabtretung an die Bank verschweigt. Nach dieser – allerdings umstrittenen[5] – Lösung steht der Anspruch gegen D somit dem Z zu.[6]

---

[1] Zum verl. Eigentumsvorbehalt siehe Baur, SachenR, 12. Aufl. 1983, § 59 I 4 b; Lent-Schwab, SachenR, 19. Aufl. 1983, § 30 III.

[2] Vgl. dazu BGH NJW 1965, 2197 f.; Palandt-Heinrichs, BGB, 43. Aufl. 1984, § 398, Anm. 3 c; Medicus, Bürgerl. Recht, 11. Aufl. 1983, Rz. 523.

[3] BGHZ 30, 149 (151 f.).

[4] Vgl. dazu BGHZ 26, 178 (183 f.); OLG Stuttgart, DB 1984, 397; Baur, SachenR, 12. Aufl. 1983, § 57 I 2; Medicus, Bürgerl. Recht, 11. Aufl. 1983, Rz. 523.

[5] Vgl. zu alternativen Lösungsvorschlägen Baur, SachenR, 12. Aufl. 1983, § 59 VI 2.

[6] Vgl. zu diesem Problemkreis auch BGHZ 72, 316 (320 ff.); 56, 173 (176 ff.); 55, 34 ff.; 53, 139 ff.; Palandt-Heinrichs, BGB, 43. Aufl. 1984, § 398, Anm. 3 e; Medicus, Bürgerl. Recht, 11. Aufl. 1983, Rz. 525 ff. Vgl. andererseits zu Vorausabtretung und Factoring BGHZ 69, 254 (257 ff.) und Wolf, StudK BGB, 2. Aufl. 1979, §§ 929–931, Anm. V 4 a aa.

Lösung 23

1. Hat V sein Eigentum durch die Lieferung der Anlage an K verloren?
V hat sich bei Abschluß des Kaufvertrages das Eigentum vorbehalten (§ 455 BGB), er hat also offenbar auch nur eine bedingte Übereignung (§§ 929 I, 158 ff. BGB) vorgenommen. Das Eigentum würde also erst mit Eintritt der Bedingung (=vollständige Zahlung des Kaufpreises) auf K übergehen.
Hat V das Eigentum gemäß § 946 BGB durch Einbau der Anlage verloren? Ist die Anlage wesentlicher Bestandteil des Gebäudes und damit des Grundstückes des K?
Dies ist nur dann der Fall, wenn sie vom Hausgrundstück nicht getrennt werden kann, ohne daß eine der beiden Sachen zerstört oder in ihrem Wesen beeinträchtigt wird (§ 93 BGB). Eine Erweiterung des § 93 BGB enthält § 94 BGB.

Das Gesetz bezweckt, eine sinnlose Zerstörung wirtschaftlicher Werte durch Auseinanderreißen von Zusammengehörigem zu verhindern. *In der Regel* wird eine gemeinsame Verwertung zusammengehöriger Teile sinnvoller sein als ihre Trennung und etwaige gesonderte Verwertung.

Ob die Liftanlage wesentlicher Bestandteil i. S. des § 93 BGB ist, mag zweifelhaft sein, sie fällt aber jedenfalls unter § 94 II BGB. Ihr Einbau verleiht dem Gebäude eine besondere Eigenart und macht es erst zu dem, was es ist.
§ 95 II (Einfügung nur zu einem vorübergehenden Zweck) liegt nicht vor.
Demgemäß ist die Liftanlage als wesentlicher Bestandteil anzusehen, K hat als Eigentümer des Grundstückes gemäß § 946 BGB Eigen tum an ihr kraft Gesetzes und ohne Rücksicht auf den rechtsgeschäftlichen Eigentumsvorbehalt erworben. V kann sie daher nicht gemäß § 985 herausverlangen (Ausgleich über § 951 BGB).

2. § 455 BGB?
W hat sich zwar das Eigentum an den verkauften Schreibtischen vorbehalten, jedoch nicht bei *Abschluß* des Kaufvertrages, sondern erst bei dessen Erfüllung, bei der Lieferung der Schreibtische. Dieser Vorbehalt des W hindert wohl einen Eigentumserwerb des K gemäß § 929 I BGB, da W keine unbedingte Übereignungserklärung abgibt.

Wirkt er sich aber auch auf den *früher* abgeschlossenen Kaufvertrag in dem Sinn aus, daß § 455 BGB anwendbar ist?
§ 455 BGB ist eine Ausnahme von § 326 BGB: Die in § 326 vorgeschriebene Fristsetzung ist in § 455 BGB nicht erforderlich.
Daraus ergibt sich: Diese Abweichung zum Nachteil des Käufers muß vertraglich vereinbart werden. Der Verkäufer kann nicht später seinem Käufer diese Regelung einseitig aufzwingen, wie W dies versucht hat. Falls der Eigentumsvorbehalt nicht bei Vertragsabschluß vereinbart worden ist, müßte eine spätere Änderung des Vertrages vorgenommen werden (§ 305 BGB). An einer solchen dürfte es fehlen. Das bloße Schweigen des K kann wohl kaum als Zustimmung gedeutet werden.
Ein Rücktritt nach § 455 BGB scheidet also aus. W kann vielmehr nur gemäß § 326 I BGB i.V.m §§ 284 ff. BGB zurücktreten, d.h. also, er muß erst eine Nachfrist setzen.
Ist W auf diese Weise wirksam vom Kaufvertrag zurückgetreten, kann er die gelieferten Schreibtische zurückverlangen, und zwar einmal nach Rücktrittsrecht (§§ 327, 346 BGB) und zum anderen auch als Eigentümer nach § 985 BGB.
Solange der Kaufvertrag wirksam war, hätte sich K einer Klage aus § 985 BGB gegenüber auf sein Recht zum Besitz aus dem Kaufvertrag berufen können (§ 986 I BGB). Dieses Recht ist jedoch mit dem wirksamen Rücktritt hinfällig geworden.

Beachte: *§ 454 BGB. Er greift jedoch nur dann ein, wenn der Verkäufer den Kaufvertrag vollständig erfüllt, d. h. die Sache nicht nur übergeben, sondern auch übereignet hat. Beim Verkauf unter Eigentumsvorbehalt fehlt es gerade hieran.*
Bei Verkäufen unter Eigentumsvorbehalt mit Vereinbarung von Teilzahlungen sind auch die §§ 1 bis 3 des Abzahlungsgesetzes zu beachten.

Lösung 24

1. Der Bürge (B) verpflichtet sich gegenüber dem Gläubiger eines Dritten (hier V), für die Erfüllung der Verbindlichkeit des Dritten (des Hauptschuldners, hier K) einzustehen.
Die Verbindlichkeit ist also Voraussetzung für das Entstehen der Bürgschaftsverpflichtung.
Die Bürgschaft ist darüber hinaus aber auch in ihrem Umfang

und Fortbestand von der zu sichernden Hauptverbindlichkeit abhängig, „akzessorisch“ (vgl. § 767 I S. 1, ferner §§ 768 u. 770 BGB).[1]
Zu sichernde Hauptverbindlichkeit war die Verpflichtung des K zur Zahlung gemäß § 433 II BGB. Der Kaufvertrag ist aber wegen Verstoßes gegen das Devisenrecht gemäß § 134 BGB nichtig, die Zahlungsverpflichtung des K also nicht entstanden. Es fehlt demgemäß an einer Hauptverbindlichkeit, folglich kann auch eine Bürgschaftsverpflichtung nicht entstehen.

Beachte: *Die Wechselbürgschaft ist – im Gegensatz zur Bürgschaft des BGB – nicht akzessorisch, sondern eine selbständige Wechselverpflichtung (i. S. des Art. 7 WechselG). Die Wechselbürgschaft ist daher auch dann gültig, wenn die Verbindlichkeit, für die sie gegeben wurde, nichtig ist. Ausnahme: die Wechselbürgschaft für eine wegen Formverstoßes nichtige Wechselverbindlichkeit (vgl. Art. 32 II WechselG).*

2. Die Hypothek verleiht dem Inhaber das Recht, sich wegen einer Forderung im Wege der Zwangsvollstreckung aus dem belasteten Grundstück zu befriedigen (vgl. § 1113 I BGB).
Die Hypothek ist ebenso akzessorisch wie die Bürgschaft (vgl. Wortlaut des § 1113 I, ferner § 1153 II).
Entstehung der Hypothek durch Einigung des Eigentümers (B) und des Hypothekengläubigers (V) sowie Eintragung im Grundbuch (§ 873 I BGB).
Eine Hypothek zugunsten des V konnte nicht entstehen, da V keine Forderung gegen K hat. Wollte man analog zur Bürgschaft annehmen, daß die Hypothekenbestellung keinerlei Wirksamkeit habe, so würden andere, nachfolgende Grundstücksbelastungen aufrücken und eine bessere Rangstellung erhalten, als sie mit ihrem Inhaber vereinbart war. Deshalb wählt das Gesetz in den §§ 1163 und 1177 BGB folgende Lösung: Wird eine Hypothek bestellt, obwohl die zu sichernde Forderung – wie hier – nicht zur Entstehung gelangt ist, steht die Hypothek dem Eigentümer des Grundstückes zu (§ 1163 I S. 1

[1] Vgl. Palandt-Thomas, BGB, 43. Aufl. 1984, § 767, Anm. 1; Larenz, Lehrb. d. SchuldR, Bd. II, 12. Aufl. 1981, § 64 I; Hirsch-Pleyer, Einf. in d. bürgerl. VermögensR, 6. Aufl. 1975, S. 180 ff.

BGB), in unserem Fall also B. Sie vereinigt sich mit dem Eigentum an dem Grundstück in der Person des B und verwandelt sich, da eine zu sichernde Forderung nicht vorhanden ist, in eine Grundschuld (§ 1177 I S. 1 BGB, Eigentümergrundschuld). Der Eigentümer erhält bei einer Versteigerung des Grundstückes den auf die Grundschuld entfallenden Betrag, er kann sie auch gegen Entgelt übertragen.
Eingetragen ist aber eine Hypothek auf den Namen des V, das Grundbuch ist daher unrichtig geworden. Es ist eine Berichtigung des Grundbuches nötig, wozu V zustimmen muß (§ 894 BGB).

3. Die Grundschuld setzt, um entstehen und bestehen zu können, im Gegensatz zur Hypothek nicht voraus, daß eine zu sichernde Forderung vorhanden ist (§§ 1191 I u. 1192 I BGB, vgl. den Wortlaut dieser Bestimmungen mit dem von § 1113 BGB). Deshalb ist die Grundschuld auch dann wirksam bestellt, wenn die Forderung, zu deren Sicherung sie bestimmt war, überhaupt nicht entstanden ist. Dies trifft in unserem Fall zu.
V ist jedoch, da die zu sichernde Kaufpreisforderung nicht existiert, um die Grundschuld rechtsgrundlos bereichert, er muß sie also gemäß § 812 I BGB an den B zurückübertragen (auf dem in § 873 I BGB vorgesehenen Weg).[1]

Lösung 25

1. § 1004 I BGB?
F ist Eigentümer des Hauses und wird durch die Einwirkung der Musik in der Nutzung seines Hauses beeinträchtigt. Nach § 1004 I BGB kann er verlangen, daß die Musikanten (die Störer) ihr Spiel einstellen und künftiges Spielen unterlassen.
Dies gilt nach § 1004 II BGB jedoch nur dann, wenn F nicht zur Duldung verpflichtet ist. Ob er dies ist, regelt § 906 BGB. Keine Duldungspflicht besteht, wenn die Beeinträchtigung wesentlich und nicht ortsüblich ist.
Bei der Prüfung, ob die Störung wesentlich ist, hat man auf das Empfinden des normalen Durchschnittsmenschen abzustellen. Eine Überempfindlichkeit oder gar Nervosität des F müßte au-

[1] Vgl. Lent-Schwab, SachenR, 19. Aufl. 1983, § 63 II 5.

ßer Betracht bleiben. Das nächtliche Spielen stört aber sicherlich nicht nur den arbeitenden F, sondern auch die übrigen, wahrscheinlich schlafenden Nachbarn. Die Beeinträchtigung ist also wesentlich.
Da F in einer ruhigen Wohngegend wohnt, kann der nächtliche Lärm auch nicht als ortsüblich angesehen werden.
F ist sonach nicht zur Duldung verpflichtet und kann gemäß § 1004 I BGB von den störenden Musikanten Unterlassung der Proben verlangen.

2. F wird durch die Geruchsbelästigung in der Nutzung seines Hauses gestört und kann gemäß § 1004 I BGB Beseitigung der Störung und Unterlassung künftiger Störungen von dem „Störer" fordern. In unserem Fall ist der Nachbar G als Störer anzusehen.
Die Störungen gehen zwar nicht wie in Fall 1 unmittelbar von ihm aus, er hat sie aber doch durch die Anlage der Jauchegrube verursacht, er hat also den störenden Zustand geschaffen und hält ihn aufrecht, indem er die Grube weiter unterhält und nicht beseitigt.
§ 1004 II i. V. m. § 906 BGB: Die Störung ist wesentlich. In einem reinen Wohnviertel einer Großstadt sind derartige Belästigungen auch nicht ortsüblich (anders hingegen auf dem Lande). F kann Beseitigung und Unterlassung verlangen.
Wie G diesem Verlangen nachkommt, ist seine Sache. Wahrscheinlich wird er den Mist und die Jauche abtransportieren müssen und die Grube nicht mehr zu dem alten Zweck verwenden können.
Gemäß § 907 I BGB könnte F auch die Beseitigung der Anlage (der Grube) verlangen.

3. Ansprüche aus § 1004 I BGB. Duldungspflicht gemäß § 1004 II i. V. m. § 906 BGB?
Die Belästigung ist sicher wesentlich und in einem Wohnviertel auch nicht ortsüblich, also müßten Ansprüche aus §§ 1004 I und 907 BGB durchgreifen.
Da die Fabrik jedoch mit behördlicher Genehmigung errichtet worden ist (vgl. § 4 Bundesimmissionsschutz-Gesetz (BGBl. I 74, S. 727 ff.)), kann F nach § 14 BImSchG von dem Inhaber der Fabrik nichts verlangen, was auf eine „Einstellung des Gewerbe-

betriebes" hinausläuft (also z. B. nicht die Einstellung der Produktion oder gar die völlige Beseitigung der Fabrik).
F kann nach § 1004 I BGB i. V. m. § 14 BImSchG nur die Herstellung von Einrichtungen begehren, welche die benachteiligende Einwirkung ausschließen, z. B. die Anbringung von Filteranlagen, hohen Schornsteinen etc. Soweit durch solche Maßnahmen die Störung nicht beseitigt werden kann, hätte F gemäß § 14 BImSchG nur einen Anspruch auf „Schadloshaltung" in Geld.

Beachte: *§ 14 BImSchG gilt nur für gewerbliche Anlagen, die mit besonderer behördlicher Genehmigung errichtet worden sind. Solche behördlichen Genehmigungen sind nur für verhältnismäßig wenige, für das Publikum besonders gefährliche Anlagen erforderlich (s. § 4 BImSchG). Ist eine gewerbliche Anlage ohne behördliche Genehmigung errichtet worden – was bei den nicht unter § 4 BImSchG fallenden o. w. möglich ist – kann prinzipiell gemäß § 1004 I BGB auch die Einstellung des Gewerbebetriebes und gemäß § 907 BGB die Beseitigung der Anlage gefordert werden, da § 14 BImSchG dann nicht eingreift.*
Daneben ist auch noch § 906 II BGB zu beachten. Danach muß der Eigentümer wesentliche und ortsübliche Störungen dann dulden, wenn sie der störende Nachbar nicht durch wirtschaftlich zumutbare Maßnahmen verhindern kann. An die Stelle des Unterlassungsanspruches tritt ein Anspruch auf Zahlung von Geld.

Lösung 26

Einen indossablen Verpflichtungsschein kann gemäß § 363 I HGB nur ein Kaufmann ausstellen, und zwar sowohl der Vollkaufmann als auch der Minderkaufmann i. S. des § 4 I HGB.[1]
Die Bürgschaftserklärung muß in der Regel gemäß § 766 BGB in schriftlicher Form abgegeben werden. Die in § 350 i. V. m. §§ 343 und 344 HGB für den Handelsverkehr vorgesehene Erleichterung gilt nur für Vollkaufleute (§ 351 i. V. m. § 4 I HGB). Demgemäß ist in den folgenden Fällen bei der Frage, ob H einen indossablen Verpflichtungsschein ausstellen kann, zu prüfen, ob er Kaufmann ist, bei der Bürgschaft, ob er Vollkaufmann ist.

---

[1] Vgl. dazu Pleyer-Elsner, Handels- u. WertpapierR, 1978, S. 1 ff.; Roth, Handels- u. GesellschaftsR, 1980, § 3; Klunzinger, Grundz. d. HandelsR, 2. Aufl. 1981, § 5 II.

1. H ist gemäß § 1 I und II Nr. 1 HGB Kaufmann kraft Grundhandelsgewerbes, da er Gemüse anschafft und weiterveräußert. Ein in kaufmännischer Weise eingerichteter Geschäftsbetrieb ist jedoch für die Unterhaltung eines Kioskes und eines Standes auf dem Wochenmarkt nicht erforderlich. H ist sonach bloß Minderkaufmann gemäß § 4 I HGB.

2. a) Der Schlossermeister H übernimmt die Bearbeitung von Waren für andere, hat jedoch ein handwerkliches Unternehmen. Gemäß § 1 II Nr. 2 ist H in diesem Fall überhaupt nicht als Kaufmann anzusehen. Die Kaufmannseigenschaft gemäß § 2 HGB scheidet aus, weil H nicht im Handelsregister eingetragen ist und im übrigen auch kein in kaufmännischer Weise eingerichteter Geschäftsbetrieb erforderlich ist.
b) A ist, da er eine Lasttaxe unterhält, also die Beförderung von Gütern ausführt, Frachtführer (§§ 425 ff. HGB) und somit Kaufmann nach § 1 II Nr. 5 HGB. Aus den im Fall 1 aufgeführten Gründen ist er jedoch nur Minderkaufmann gemäß § 4 I.
c) H widmet sich zwar der Beförderung von Personen zu Lande. Gemäß § 1 II Nr. 5 HGB sind aber nur die „... zur Beförderung von Personen zu Lande ... bestimmten Anstalten ..." Kaufleute. Bei Unterhaltung einer einzigen Personentaxe kann man aber nicht von einer Anstalt sprechen. H ist in diesem Fall nicht Kaufmann.
d) In dem Bauunternehmen des H werden weder die angeschafften Materialien (Ziegelsteine, Kalk usw.) als bewegliche Sachen (Waren) weiter veräußert (= rechtsgeschäftlich übereignet), noch werden sie für Dritte verarbeitet. Sie sind vielmehr nur Arbeitsmittel für die Herstellung von Bauwerken, zu deren Lieferung sich H verpflichtet hat und die mit der Errichtung kraft Gesetzes Bestandteile des Grundstückes (§§ 946, 93, 94 BGB) werden. H ist in diesem Fall also nicht Kaufmann nach § 1 II Nr. 1 oder § 2 HGB.
Bei einem großen Bauunternehmen wird freilich ein in kaufmännischer Weise eingerichteter Geschäftsbetrieb erforderlich sein. Gemäß § 2 HGB muß H seine Eintragung im Handelsregister herbeiführen. Erst mit dem Zeitpunkt der Eintragung erwirbt er die Kaufmannseigenschaft. Er ist dann Vollkaufmann.

3. Gemäß § 3 I HGB findet auf den Betrieb der Land- und Forstwirtschaft, wozu auch der Weinbau gehört, der § 1 HGB keine Anwendung.

Für land- und forstwirtschaftliche Unternehmen gilt gem. § 3 II der § 2 HGB mit der Maßgabe, daß sie berechtigt, aber nicht verpflichtet sind, sich im Handelsregister eintragen zu lassen. H kann also gem. § 3 II HGB die Eintragung als Kaufmann erreichen, wenn das Landgut selbst so groß ist, daß es einen nach Art und Umfang in kaufmännischer Weise eingerichteten Geschäftsbetrieb erfordert. H keltert den gewonnenen Wein selbst und verkauft ihn an einen Großhändler. Das läßt darauf schließen, daß das von H betriebene landwirtschaftliche Unternehmen angesichts der Eigenproduktion und des geringen Ausmaßes der Geschäftsbeziehungen einen in kaufmännischer Weise eingerichteten Geschäftsbetrieb nicht erfordert. Deshalb ist eine Eintragung nach dieser Vorschrift nicht möglich.

Gemäß § 3 III HGB *kann* jedoch der Land- oder Forstwirt, mit dessen Land- oder Forstwirtschaftsbetrieb ein *Unternehmen verbunden* ist, das nur ein Nebengewerbe des land- oder forstwirtschaftlichen Betriebes darstellt, sich als Inhaber dieses Unternehmens im Handelsregister eintragen lassen und dadurch die Kaufmannseigenschaft erwerben, sofern für dieses Unternehmen ein in kaufmännischer Weise eingerichteter Geschäftsbetrieb (s. § 2 HGB) erforderlich ist.

Es muß jedoch, wie aus dem Wortlaut des Gesetzes eindeutig hervorgeht, ein (besonderes) Unternehmen vorliegen, d. h. also eine von der Land- oder Forstwirtschaft deutlich unterscheidbare organisatorische Zusammenfassung persönlicher, sachlicher und immaterieller Mittel (Indizien hierfür: besondere Produktionsstätten, besonderes Personal, besonderer Schriftverkehr usw., wie dies etwa bei der Schnapsfabrik eines Landwirtes, die Produkte aus dem landwirtschaftlichen Anwesen verarbeitet, der Fall ist).

Die Veräußerung der landwirtschaftlichen Produkte selbst, auch wenn diese erst bearbeitet werden, genügt jedenfalls nicht, da sonst § 3 I HGB bedeutungslos wäre. Aus dem Sachverhalt geht nicht hervor, daß ein gesondertes Unternehmen vorliegt, vielmehr dürfte die Kelterung und Abfüllung des Weines in Fässer im Rahmen des landwirtschaftlichen Unternehmens und mit den dort beschäftigten Hilfskräften vorgenommen werden. H kann demgemäß auch nicht nach § 3 III HGB ins Handelsregister eingetragen werden und die Kaufmannseigenschaft erwerben.

Beachte: *Die in den §§ 1ff. HGB getroffene Abgrenzung der Kaufleute von den sonstigen Unternehmen ist z. T. kompliziert, stellt manchmal auf begriffliche Momente ab, die nicht so wesentlich erscheinen (vgl. Fall 2d), und befriedigt daher wenig. Besser wäre eine gesetzliche Regelung etwa derart, daß prinzipiell alle gewerblichen Unternehmer als Kaufleute angesehen werden und daß dann je nach der Art und dem Umfang des Unternehmens zwischen Voll- und Minderkaufleuten unterschieden wird.*

Lösung 27

Wiederhole: *Was versteht man unter einem kaufmännischen Unternehmen (= Handelsgeschäft)? Wie wird es übertragen?*[1].

1.
a) G hatte einen Anspruch gegen A. Haftet B für dessen Erfüllung?
B führt das vollkaufmännische (§ 1 I und II Nr. 1 HGB) Unternehmen (das HGB sagt „Handelsgeschäft") des A weiter, er führt auch die alte Firma fort, so daß § 25 I S. 1 HGB eingreift, wonach B für die Unternehmensschulden des A haftet.
A und B wollten zwar die Erwerberhaftung ausschließen. Dies erfordert aber, um den Gläubigern gegenüber wirksam zu sein, eine Eintragung im Handelsregister nebst Bekanntmachung oder eine Mitteilung an den Gläubiger (§ 25 II HGB). Daran fehlt es, also muß B zahlen.
b) Erstattungsanspruch des B gegen A aus § 426 I und II BGB? A haftet dem G aus dem abgeschlossenen Geschäft.

Durch die Übertragung des Unternehmens wird er nicht frei (sonst könnte man sich also leicht von der Zahlungspflicht befreien und dem Gläubiger einen anderen, vielleicht unvermögenden Schuldner aufdrängen). Das ergibt sich indirekt auch aus § 26 HGB, der von der Weiterhaftung des Veräußerers als von etwas Selbstverständlichem ausgeht.

---

[1] Vgl. dazu Pleyer-Elsner, Handels- u. WertpapierR, 1978, S. 13–19; Capelle-Canaris, HandelsR, 19. Aufl. 1980, § 4 IV. Zur Kontinuität der Haftungs- und Rechtsverhältnisse ausführlich Schmidt, HandelsR, 1980, § 8.

B haftet nach § 25 I HGB.

A und B sind also Gesamtschuldner i. S. des § 421 BGB und daher ausgleichspflichtig (§ 426 BGB).

Entgegen der Regel des § 426 BGB sind sie im Verhältnis zueinander jedoch nicht zu gleichen Anteilen verpflichtet, da „ein anderes bestimmt ist“. Aus dem zwischen A und B abgeschlossenen Vertrag sieht man nämlich, daß A die Schulden bezahlen sollte. Da aber B gezahlt hat, kann er in voller Höhe Ausgleich verlangen (§ 426 I S. 1 BGB).

Gemäß § 426 II BGB geht daher auch die Forderung des G in voller Höhe auf ihn über.

c) Schadensersatzanspruch des B gegen den Staat?

Der Registerrichter hat dadurch, daß er die beantragte Eintragung nebst Bekanntmachung unterlassen hat, seine Amtspflicht gegenüber B, in dessen Interesse die Amtshandlung vorgenommen wird, verletzt (§ 839 I BGB). Dies ist offenbar in fahrlässiger Weise (§ 276 BGB) geschehen.

Die in § 839 BGB vorgesehene Schadensersatzhaftung[1] des Beamten selbst (hier also des Registerrichters) wird jedoch gemäß Art. 34 Grundgesetz vom Staat (Land) übernommen, in dessen Dienst der Richter steht.

Da dem Registerrichter nur Fahrlässigkeit vorgeworfen werden kann, greift die Haftung nur dann ein, wenn B nicht auf andere Weise Ersatz erlangen kann (§ 839 I S. 2 BGB). Vermutlich wird B aber von A Ersatz erhalten können, so daß die Haftung des Staates ausscheidet.

2.

a) A hatte eine Forderung gegen S. Ist diese durch Erfüllung erloschen (§ 362 I BGB)? S hat nicht an A, sondern an B geleistet. Ist dies wirksam?

Gemäß § 25 I S. 2 HGB *gelten* die Unternehmensforderungen

---

[1] Beachte aber § 839 III BGB! Danach tritt die Ersatzpflicht nicht ein, wenn B es vorsätzlich oder fahrlässig unterlassen hat, den Schaden durch Gebrauch eines Rechtsmittels abzuwenden. Nach dem Sachverhalt hat der Registerrichter die Eintragung versehentlich unterlassen, ist also untätig geblieben. Dagegen hätte B vorgehen können. Die Eintragung im Handelsregister muß jedoch wegen der Sicherheit des Handelsverkehrs unverzüglich auf die Vereinbarung folgen, damit der Haftungsausschluß wirksam wird. Es ist daher zweifelhaft, ob B die Eintragung und Bekanntmachung noch *rechtzeitig* hätte herbeiführen können.

für die Schuldner als auf den Erwerber des Unternehmens übergegangen, wenn dieser mit Einwilligung des Veräußerers die alte Firma fortführt. So ist es hier.

(Sie gehen also nicht tatsächlich über, dies wird nur zu Gunsten der Schuldner angenommen. Ein wirklicher Übergang könnte nur durch eine Abrede zwischen dem Veräußerer und dem Erwerber des Unternehmens erfolgen.)

Diese Wirkung sollte zwar vertraglich ausgeschlossen werden, aber die Vereinbarung hat gegenüber den Schuldnern keine Wirksamkeit, da sie nicht im Handelsregister eingetragen und auch nicht bekannt gemacht worden ist (§ 25 II HGB).
Es liegt auch keine Mitteilung an den Dritten vor.
Dem Schuldner gegenüber gilt also B als Inhaber der Forderung, S hat somit befreiend geleistet und braucht nicht nochmals zu zahlen.
b) Ansprüche des A gegen B.
§ 816 II BGB: S hat an B eine Leistung bewirkt, zu deren Annahme dieser gegenüber A nicht berechtigt war, da man ausgemacht hatte, daß die Unternehmensforderungen bei A verbleiben. B war also Nichtberechtigter, dennoch war die Leistung des S an ihn dem Berechtigten A gegenüber aus den o.a. Gründen wirksam. Somit kann A von B gemäß § 816 II BGB den erhaltenen Betrag fordern.
B hat durch die Annahme des Geldes gegen den mit A geschlossenen Vertrag verstoßen, in dem ausgemacht worden war, daß die Forderungen bei A verbleiben und daß B sie nicht einziehen soll. B hatte sich somit jeder Verfügung über diese Forderungen zu enthalten. Diese Nebenpflicht hat er verletzt, er hat damit eine sog. positive Vertragsverletzung begangen und haftet auf Schadensersatz, d.h. er muß mindestens den empfangenen Betrag an A herausgeben.
B hat durch die Verfügung über die Forderung des A ein objektiv fremdes Geschäft besorgt (die Einziehung stand nur dem A zu) und zwar als sein eigenes (er wollte das Geld behalten), obwohl er positiv wußte, daß er dazu nicht berechtigt war (§ 687 II BGB). A (der Geschäftsherr = der wahre Berechtigte) kann deshalb von dem „Geschäftsführer" B die Herausgabe dessen, was dieser aus der Besorgung des fremden Geschäftes erlangt hat, begehren (§§ 687 II, 681 S. 2 i. V. mit § 667 BGB), also den von B vereinnahmten Betrag.

c) Haftung des Staates unter den gleichen Voraussetzungen wie 1 c (durchprüfen!).

Beachte: *Das HGB knüpft die Haftung des Unternehmenserwerbers für alte Unternehmensschulden an die Fortführung der alten Firma oder an entsprechende Erklärungen (§ 25 III HGB). Selbst bei Firmenfortführung kann die Haftung aber ausgeschlossen werden (§ 25 II HGB).*
Der Übergang der Unternehmensforderungen kann überhaupt nur durch Vertrag erfolgen. Die Firmenfortführung schafft allenfalls eine Ermächtigung für die Schuldner, befreiend an den Nachfolger zu zahlen.
Das Gesetz überläßt es also den Parteien, darüber zu entscheiden, ob die Forderungen übergehen sollen und ob der Erwerber haften soll, oder ob Forderungen und Schulden „aus dem Unternehmen herausgelöst" und beim Veräußerer bleiben sollen. De lege ferenda wäre aber eine zwingende Haftung des Erwerbers für die Unternehmensschulden zu begrüßen, da auf diese Weise die Sicherheit für die Gläubiger und damit der in unserer Wirtschaft eminent wichtige Kredit des Unternehmens wesentlich gestärkt werden könnten. (Vgl. auch die §§ 28 und 130 HGB, die nicht auf die Firmenfortführung abstellen, ferner § 419 BGB, der aber nach h. M. nur dann eingreift, wenn das übertragene Unternehmen praktisch das gesamte Vermögen des Veräußerers bildet.)

Lösung 28

1.

a) § 433 I BGB?
Ist ein Kaufvertrag zwischen E und K zustande gekommen?
F hatte Handlungsvollmacht[1] i. S. des § 54 I HGB. Die im Rahmen dieser Vollmacht abgegebenen Erklärungen binden den E (§ 164 I BGB). F konnte als Filialleiter also alle Rechtsgeschäfte vornehmen, die der Betrieb der Filiale des E gewöhnlich mit sich bringt.
Der Verkauf eines VW-Lieferwagens ist im Rahmen eines Eisenwarengeschäftes ein ungewöhnliches Geschäft und wird da-

[1] Vgl. dazu Schmidt, HandelsR, 1980, § 16 IV; Roth, Handels- u. GesellschaftsR, 1980, § 23; Pleyer-Elsner, Handels- u. WertpapierR, 1978, S. 21/22.

her von der Handlungsvollmacht des F nicht gedeckt. E ist daher nicht verpflichtet, den Wagen auszuliefern.
b) F hat seine Vollmacht überschritten. Er haftet somit dem K aus § 179 I BGB.

2.
a) § 433 BGB?
Der Betrieb einer Filiale bringt gewöhnlich nicht nur Verkäufe, sondern auch Einkäufe mit sich. Der Ankauf eines Postens Eisenwaren ist im Rahmen eines Eisenwarengeschäftes als gewöhnliches Geschäft anzusehen und wird daher von der Handlungsvollmacht mit umfaßt.
Einschränkungen des Umfanges einer Handlungsvollmacht sind zwar möglich. Da sie jedoch atpyisch sind, gelten sie dritten Personen gegenüber nur dann, wenn diese die Einschränkung kannten oder wenigstens kennen mußten (§ 54 III HGB).
Daß der Konkursverwalter die Anweisung, keinerlei Einkäufe zu tätigen, gekannt hat oder hätte kennen müssen, ist aus dem Sachverhalt nicht zu ersehen. Die Erklärung des F bindet den E, dieser ist daher zur Abnahme und Bezahlung verpflichtet.
b) Da F den E wirksam vertreten hat, treffen die Rechte und Pflichten aus dem abgeschlossenen Geschäft nur den E. F selbst haftet „dem Konkursverwalter“ nicht.

3.
Der Prokurist ist gemäß § 49 I HGB zu allen Arten von gerichtlichen und außergerichtlichen Geschäften, die der Betrieb irgendeines Handelsgewerbes mit sich bringt, ermächtigt. Beschränkungen des Umfanges einer Prokura sind gemäß § 50 I HGB dritten Personen gegenüber unwirksam. E wird also in beiden Fällen aus den von F abgeschlossenen Geschäften berechtigt und verpflichtet. F selbst haftet dem K bzw. dem Konkursverwalter in keinem Fall.

Beachte: *a) den gesetzlich festgelegten Umfang der Prokura und Handlungsvollmacht. (Nach BGB hängt der Umfang der Vollmacht von der Erklärung des Vollmachtgebers ab);*
b) daß bei der Prokura Beschränkungen Dritten gegenüber grundsätzlich völlig unwirksam, bei der Handlungsvollmacht nur beschränkt wirksam sind. (Nach BGB muß der Geschäftspartner des

Bevollmächtigten den Umfang der Vollmacht jeweils prüfen und trägt auch selbst das Risiko dieser Prüfung.) Im Handelsverkehr besteht ein stärkeres Bedürfnis nach „klaren Verhältnissen". Dem trägt das Gesetz Rechnung.

Aus den gleichen Gründen spielen die Duldungs- und die Anscheinsvollmacht gerade bei den Handlungsvollmachten eine große Rolle.[1]

Lösung 29

Provisionsanspruch des B gemäß § 652 I BGB?

Ist B Makler?

B hat lt. Sachverhalt gewerbsmäßig Geschäfte für eine unbestimmte Zahl von Personen vermittelt, er war offenbar nicht ständig von einzelnen Auftraggebern betraut, er ist also Makler und nicht etwa Handelsvertreter. Er dürfte Handelsmakler i. S. des § 93 I HGB sein.

§ 652 BGB ist anwendbar, da das HGB für den Handelsmakler keine besondere Anspruchsgrundlage für eine Provision schafft.

Ein Maklervertrag zwischen A und B liegt offensichtlich vor, so daß B einen Provisionsanspruch für jeden durch seine Vermittlung *zustande gekommenen* Vertrag hat (§ 652 I BGB).

1. und 2. Ist ein Vertrag zwischen A und X zustande gekommen? Zur Ausführung gelangt ist der Vertrag X-A jedenfalls nicht. Das steht aber dem Provisionsanspruch des Maklers nicht entgegen, da für diesen – anders als bei der Handelsvertreterprovision (§ 87 a I HGB) – das „Zustandekommen" des Vertrages genügt. (Vertraglich kann etwas anderes vereinbart werden, dafür gibt der Sachverhalt keinen Hinweis.)

Wann ist ein Vertrag i. S. des § 652 BGB zustande gekommen? Genügt der bloße Austausch vertraglicher Erklärungen oder muß der Vertrag wirksam sein?

Der Sinn des Gesetzes ist der folgende: Der Provisionsanspruch des Maklers soll nicht mit dem weiteren Schicksal des abgeschlossenen Vertrages belastet werden, der Makler soll also auch dann entlohnt werden, wenn etwa der Verkäufer nicht lie-

---

[1] Vgl. dazu Capelle-Canaris, HandelsR, 19. Aufl. 1980, § 7 B IX und Schultz, Fälle z. HandelsR, 1979, Fall 2.

fert, der Käufer nicht zahlt usw. Der Makler hat das Seine getan, indem er die Parteien zusammengebracht, den Vertragsabschluß vermittelt und seinem Auftraggeber damit die *Chance* eingeräumt hat, Nutzen aus dem abgeschlossenen Vertrag zu ziehen. Ob der abgeschlossene Vertrag wirklich erfüllt wird, braucht den Makler nicht mehr zu interessieren.

Auf der anderen Seite genügt es nicht, daß der Vertrag zwar formell abgeschlossen worden, aber nicht gültig ist. Soll der Auftraggeber des Maklers wirklich die Chance haben, Nutzen aus dem vermittelten Vertrag zu ziehen, muß dieser auch *rechtlichen* Bestand haben. Nur wenn dies zutrifft, ist ein Anspruch auf Maklerlohn gerechtfertigt.

Wenn zwar ein Vertrag abgeschlossen worden ist, aber etwa wegen Verstoßes gegen ein Gesetz oder wegen Geschäftsunfähigkeit eines der Vertragspartner nichtig ist oder wenn der Abschluß unter einem Willensmangel leidet und eine Vertragspartei ihn dann etwa wegen Irrtumes oder arglistiger Täuschung durch Anfechtung rückwirkend wieder vernichtet, sind keine rechtlichen Bindungen vorhanden. Der vom Vertragsabschluß erhoffte Nutzen für den Auftraggeber des Maklers fällt aus, da der Abschluß als nicht vorgenommen angesehen wird. Da der Makler nach der Regelung des Gesetzes nur für den herbeigeführten Erfolg, nämlich den Abschluß eines *gültigen* Vertrages und die dadurch dem Auftraggeber vermittelte Chance entlohnt werden soll, erhält er in den Fällen der Nichtigkeit oder Anfechtbarkeit (sofern von dem Anfechtungsrecht Gebrauch gemacht wird!) keinen Lohn.[1] In diesen Fällen ist der Vertrag nicht (wirksam) zustande gekommen.

3. Die Erklärung des X, er lege keinen Wert darauf, Kunde des A zu sein, dürfte eine Rücktrittserklärung darstellen.

In dem Verlangen des A, X möge vorleisten, liegt die Erklärung des A, er wolle den Vertrag nicht so erfüllen, wie es ursprünglich vereinbart worden war, nämlich – der Regelung des Gesetzes entsprechend (§ 320 I BGB) – Zug um Zug gegen Zahlung des Kaufpreises. Hierin liegt eine Erfüllungsverweigerung.

---

[1] Vgl. BGH DB 1980, 2076f.; BGH NJW 1979, 975f.; OLG Stuttgart BB 1972, 939f.; Palandt-Thomas, BGB, 43. Aufl. 1984, § 652, Anm. 4 C c.

Diese ist als positive Vertragsverletzung anzusehen und berechtigt in entsprechender Anwendung der §§ 280, 286, 325, 326 BGB den X zum Rücktritt, wenn ihm ein Festhalten am Vertrag nicht zuzumuten ist. X ist keinesfalls verpflichtet vorzuleisten, weil dies nicht vereinbart worden ist.
Der Rücktritt erfolgt nicht wegen eines bei Vertragsabschluß selbst vorhandenen Mangels, sondern wegen des *späteren* Verhaltens des A. Der Vertrag wird daher auch nicht wie etwa bei einer Anfechtung wegen eines Willensmangels bei Vertragsabschluß rückwirkend vernichtet. Der Kaufvertragsabschluß bleibt vielmehr rechtswirksam, nur wird das vertragliche Verhältnis im Vollzug des Rücktrittes „rückabgewickelt" (§§ 346 ff. BGB).
Da nach alledem der Kaufvertrag einwandfrei abgeschlossen worden und nur die *Ausführung* infolge des späteren Verhaltens des A gescheitert ist, steht dem B ein Provisionsanspruch gegen A zu.[1] Dieses Ergebnis entspricht in jeder Weise dem Sinn und Zweck des Gesetzes. Dieses will ja gerade erreichen, daß der Anspruch des Maklers nicht von solchen späteren Umständen, wie hier der Erfüllungsverweigerung durch A und dem Rücktritt des X, abhängig sein soll.

Beachte: *Der Provisionsanspruch des Handelsvertreters, der ständig für einen bestimmten Unternehmer vermittelt (§ 84 I HGB), hängt nicht bloß vom Zustandekommen des Vertrages, sondern auch von dessen „Ausführung" ab (§ 87 a I HGB). Infolge der ständigen Tätigkeit des Handelsvertreters für den Unternehmer werden diese beiden Personen nach gleichen Grundsätzen beurteilt: Der Handelsvertreter bekommt nur dann eine Provision, wenn auch „sein" Unternehmer etwas erhält (§ 87 a II HGB). Für den Schutz des Handelsvertreters gegen Vereitelung seines Anspruches sorgt § 87 a III HGB. Den Ausgleichsanspruch des Handelsvertreters nach Beendigung des Vertragsverhältnisses regelt § 89 b HGB. Diese Norm ist auf sog. Vertragshändler analog anwendbar.*[2]

---

[1] Vgl. BGH NJW 1974, 695; Palandt-Thomas, BGB, 43. Aufl. 1984, § 652, Anm. 4 B, C e; Beuthien, StudK BGB, 2. Aufl. 1979, Anm. IV 5 e.
[2] Vgl. Baumbach-Duden-Hopt, HGB, 25. Aufl. 1983, § 89 b, Anm. 2 C i. V. m. § 84, Anm. 3 G; Schmidt, HandelsR, 1980, § 27 III b i. V. m. § 26 V 2.

Lösung 30

1. Lieferungsanspruch aus § 433 I BGB? Hat V die geschuldete Leistung erbracht (§ 362 I BGB)?
Da eine andere Ware als die bestellte geliefert worden ist, liegt eine sog. aliud-Lieferung vor.
V hat nicht erfüllt, K kann im Rahmen der allgemeinen Verjährungsfristen den Lieferungsanspruch geltend machen.
Die Regeln über die Sachmängelhaftung (§§ 459 ff. BGB), insbesondere die Verjährungsvorschrift des § 477 BGB, finden keine Anwendung.

So die h. M.[1]
Zum Teil wird aber auch angenommen, daß die in den §§ 377, 378 HGB enthaltenen Grundsätze auch im BGB Anwendung finden könnten, so daß auch nach bürgerlichem Recht im vorliegenden Fall die Gewährleistungsvorschriften der §§ 459 ff. einschließlich des § 477 BGB Anwendung finden müßten. Dann könnte K nicht mehr das ursprünglich bestellte Gerät fordern (vgl. Fall 2).

2. Die §§ 377, 378 HGB bringen eine Sonderregelung, falls ein beidseitiger Handelskauf vorliegt. Das HGB behandelt die Lieferung einer fehlerhaften Ware und die einer anderen Ware als der bestellten im Hinblick auf die Rügepflicht prinzipiell *gleich*.
V und K sind Kaufleute (§ 1 II Nr. 1 HGB), das abgeschlossene Geschäft gehörte offenbar zu ihren Unternehmen (§§ 343, 344 HGB). Der Kaufvertrag ist daher für beide Teile ein Handelsgeschäft, die §§ 377, 378 HGB sind anwendbar.
K hatte also das Gerät unverzüglich zu untersuchen und V die Falschlieferung anzuzeigen. Er hat dies unterlassen. Dann gilt die Abweichung der Lieferung von der Vereinbarung als genehmigt (§ 378 i. V. m. § 377 II HGB), sofern die Abweichung nicht so erheblich ist, daß V eine solche Genehmigung als ausgeschlossen hätte betrachten müssen (§ 378 HGB).
Der gelieferte Vervielfältigungsapparat ist dem bestellten immerhin ähnlich und kostet genau so viel, also ist die Abweichung nicht so groß, als daß V eine Genehmigung als ausgeschlossen

---

[1] Vgl. z. B. Palandt-Putzo, BGB, 43. Aufl. 1984, § 459, Anm. 1 e; a. A. z. B. Larenz, Lehrb. d. SchuldR Bd. II, 12. Aufl. 1981, § 41 III; Medicus, Bürgerl. Recht, 11. Aufl. 1983, Rz. 338, 336. Vgl. auch Münchener Kommentar – Westermann, § 459, Rz. 10 ff.

zu betrachten gehabt hätte. K kann demnach nicht mehr Lieferung des bestellten Apparates verlangen.

Ausführlichere Lösung nach der Anspruchsmethode s. Anhang, S. 176.

Lösung 31

1.

a) G kann die Aktien bei K pfänden lassen und sich aus ihnen befriedigen, wenn K ihr Eigentümer ist.

Hat K sie von D erworben? Der Eigentumsübergang richtet sich nach den §§ 929 ff. BGB.

K und D einigten sich über den Eigentumsübergang, die Aktien wurden K übergeben. Als Kommissionär trat K in eigenem Namen – also nicht als Stellvertreter – auf (§ 383 HGB). Er erwirbt also Eigentum nach § 929 BGB. Sofern K das Eigentum noch nicht auf B weiterübertragen hat (§§ 929 ff. BGB),[1] kann G die Aktien bei ihm pfänden lassen und Befriedigung aus ihnen erlangen.

b) Aktien sind Wertpapiere im Sinn des § 18 III DepotG. K war Eigentümer, konnte also über sie verfügen; gemäß § 18 III DepotG wurde durch die **Absendung** des Stückeverzeichnisses B Eigentümer der Aktien. Eine Pfändung würde daher keinen Erfolg versprechen.

2.

a) Der Verkaufskommissionär ist in der Regel *nicht* Eigentümer der Kommissionsware, sondern darf nur im eigenen Namen über das Eigentum des Kommittenten verfügen (§ 185 I BGB). Eine Pfändung verspricht daher keinen Erfolg.

b) § 433 II BGB?

Der Kaufvertrag wurde zwischen K und D geschlossen. K handelte dabei nach § 383 HGB in eigenem Namen. Der Kaufvertrag kam also zwischen K und D zustande, B hat daraus keinen Anspruch (§ 392 I HGB). (B könnte sich aber den Anspruch des

---

[1] Die besonderen Möglichkeiten für eine Eigentumsübertragung von Kommissionär auf den Kommittenten (Insichgeschäft, antecipiertes Besitzkonstitut, Geschäft für wen es angeht) können hier nicht untersucht werden. Zu den sehr schwierigen Fragen vgl. Capelle-Canaris, HandelsR, 19. Aufl 1980, § 21 IV 3; Pleyer-Elsner, Handels- u. WertpapierR, 1978, S. 39 f.

K aus § 433 II BGB abtreten lassen, wozu K gemäß § 384 II HGB verpflichtet ist.)
c) K ist Inhaber der Forderung aus dem Kaufvertrag (s. oben). G könnte sie also pfänden lassen.
Nach § 392 II HGB gilt diese Forderung im Verhältnis zwischen dem Kommittenten (B) und dem Gläubiger (G) des Kommissionärs (K) aber als Forderung des Kommittenten. B wird also im Verhältnis zu G als Inhaber der Forderung angesehen (obgleich sie noch nicht abgetreten ist).
Eine Pfändung des G hat also keine Aussicht auf Erfolg. (Zweck des § 392 II HGB: Schutz des Kommittenten, dem „wirtschaftlich" die Forderung zusteht.)[1]

Lösung 32

I.
1. H hat einen Anspruch aus Kaufvertrag (§ 433 II BGB) gegen A erworben.
Haftet B für diese Verbindlichkeit? § 128 HGB? Ist eine oHG entstanden?
Zusammenschluß von A und B zu dem Zweck (§ 705 BGB u. § 105 HGB), die Fabrik, ein vollkaufmännisches Handelsgewerbe (= Unternehmen, § 1 I, II Nr. 1 HGB) gemeinsam zu betreiben und zwar unter der gemeinsamen Firma A & B (vgl. § 19 I HGB).
Eine Haftungsbeschränkung eines der beiden Gesellschafter liegt offensichtlich nicht vor (eine KG scheidet also aus).
Nach § 128 I haftet B mit seinem *gesamten* Vermögen für die Schulden der Gesellschaft A & B.
Ist die Verbindlichkeit des A gemäß § 28 I HGB eine Gesellschaftsschuld geworden?
Es ist davon auszugehen, daß eine abweichende Vereinbarung gemäß § 28 II HGB nicht vorliegt. § 28 HGB greift ohne Rücksicht darauf ein, daß eine neue Firma gebildet worden ist. Für

---

[1] Im Kommissionsverhältnis spielt die Drittschadensliquidation eine große Rolle: Der Kommissionär kann den Schaden, den der Kommittent (beispielsweise durch verspätete Lieferung des Dritten) erlitten hat, im eigenen Namen geltend machen, vgl. Palandt-Heinrichs, 43. Aufl. 1984, Vorbem. v. § 249, 6 b aa; Larenz, Lehrb. d. SchuldR, Bd. I, 13. Aufl. 1982, § 27 IV 3.

ihn ist maßgebend, daß das Unternehmen erhalten bleibt und der alte Unternehmer nicht ausscheidet.

Ist die Schuld „im Betriebe des Geschäftes" des A entstanden? (Handelt es sich also, moderner ausgedrückt, um eine „Unternehmensschuld" des A?) Es ist anzunehmen, daß A die Schreibmaschine für die Fabrik gekauft hat (vgl. §§ 343 I und 344 I HGB), so daß eine Unternehmensverbindlichkeit vorliegt.
Danach haftet B als Gesamtschuldner (s. § 421 S. 1 BGB) neben A, außerdem haftet die oHG selbst.

2.
Haftung des B nach § 128 HGB?
A war offenbar alleinvertretungsberechtigt (§ 125 I HGB), seine Erklärungen wirken also für und gegen die zur *oHG* zusammengeschlossenen Mitgesellschafter (§ 164 BGB), diese haften für die Gesellschaftsschulden auch mit ihrem gesamten sonstigen Vermögen (§ 128 HGB, s. auch § 129 IV).

3. Die Schuld der oHG und die Haftung des B sind (wie in Ziff. 2) gemäß §§ 433 II BGB, 125, 128 HGB entstanden. Das Ausscheiden des B aus der Gesellschaft ändert nichts an seiner Haftung, da keine gesetzliche Vorschrift eine entsprechende Anordnung enthält.

Ein anderes Ergebnis wäre auch wirtschaftlich unsinnig, da es dann möglich wäre, daß etwa der vermögende Gesellschafter einer oHG, dessen großes Vermögen den Gläubiger veranlaßt hat, der Gesellschaft Kredit zu geben, ausscheiden, sich und sein Vermögen damit von der Schuld befreien und die übrigen vielleicht ziemlich vermögenslosen Gesellschafter als alleinige Schuldner neben der oHG zurücklassen könnte. Unter solchen Umständen aber wäre niemand bereit, einer oHG Kredit zu gewähren, ohne den sie als Handelsgesellschaft nicht existieren kann. Mittelbar ergibt sich auch aus § 159 HGB (vgl. auch § 738 I S. 2 und 3 BGB), daß das Gesetz die Weiterhaftung des Ausgeschiedenen als selbstverständlich ansieht.

4.
a) C ist in die bereits bestehende oHG „A & B" eingetreten. Die Kaufpreisschuld war zur Gesellschaftsschuld geworden (s. Fall 1), C haftet gemäß § 130 HGB für diese Verbindlichkeit der Gesamtschuldner mit.
Hier sind im Gegensatz zu § 28 II HGB abweichende Vereinbarungen mit Außenwirkung nicht möglich (§ 130 II HGB).
Daß sein Name nicht in der Firma erscheint, ist unerheblich (die Identität des Unternehmens genügt auch hier).

b) Die Verbindlichkeit ist noch vor dem Eintritt des C als Gesellschaftsschuld entstanden, C haftet nach § 130 HGB und aus den in Fall 4 a entwickelten Gründen für diese Verbindlichkeit.

Beachte: *Während § 25 HGB die Haftung des Erwerbers eines kaufmännischen Unternehmens an die Fortführung der alten Firma knüpft oder eine Übernahmeerklärung o. ä. verlangt, stellen die §§ 28 und 130 HGB auf die Unternehmenskontinuität (und nicht auf die Firmenkontinuität) ab. Diese Vorschriften bewirken, daß sich die Gläubigerposition mit dem Hinzutritt eines Gesellschafters verbessert, durch Ausscheiden eines Gesellschafters aber nicht beeinträchtigt wird. Dies alles soll u. a. auch den Kredit des Unternehmens stärken.*

II.
1. Anspruch des H gegen A aus § 433 II BGB wie oben.
Eine Haftung des B gemäß §§ 128, 28 HGB scheidet aus, da Patentanwälte kein Handelsgewerbe betreiben, eine oHG somit nicht vorliegen kann.
A und B haben sich zur Erreichung eines gemeinsamen Zweckes zusammengeschlossen, zum gemeinsamen Betreiben einer Praxis, es liegt also eine BGB-Gesellschaft (§§ 705 ff. BGB) vor.
Vorschriften, nach denen der hinzugetretene Gesellschafter für „Unternehmensverbindlichkeiten" seines Mitgesellschafters aus der Zeit vor der Gesellschaftsgründung haftet, fehlen im Recht der BGB-Gesellschaft. B braucht also nicht zu zahlen.

2. Die Haftung der Gesellschafter für die Gesellschaftschulden ist in den §§ 705 ff. BGB nicht besonders geregelt, es gelten daher die allgemeinen Vorschriften.
A war geschäftsführender und daher auch vertretungsberechtigter Gesellschafter (§§ 710, 714 BGB), seine Erklärung wirkte also auch für und gegen B (§ 164 I BGB). A und B haben sich somit zur Zahlung des Kaufpreises verpflichtet und haften, da der Kaufpreis eine teilbare Leistung ist, als Gesamtschuldner (§ 427 BGB).
H kann also von B Zahlung verlangen (§ 421 BGB).

3. Die Verpflichtung des B ist wie im Fall II 2 wirksam entstanden. Das Ausscheiden aus der Gesellschaft befreit den Ausscheidenden nicht von seiner Haftung (vgl. Fall I 3).

4. a) C ist in die bereits bestehende Gesellschaft eingetreten. Da die alte Kaufpreisschuld aber nicht zur Gesellschaftsschuld geworden war (vgl. Fall II 1), braucht auch C die Forderung des H nicht zu erfüllen; dessen Schuldner ist nur A.

b) Die Frage, wie der in eine bestehende BGB-Gesellschaft Eintretende für bereits bestehende Gesellschaftsschulden haftet, ist nicht ausdrücklich geregelt, es fehlt insbesondere eine dem § 130 HGB entsprechende Vorschrift.

Dem H hafteten vor dem Eintritt des C das Gesellschaftsvermögen sowie das sonstige Vermögen des A und B.

Durch die Aufnahme des C in die Gesellschaft darf sich die Position des H jedenfalls nicht verschlechtern. Das Gesellschaftsvermögen muß also weiter seinem Zugriff offenstehen, auch wenn es jetzt nicht mehr A und B allein, sondern A, B und C gehört. C haftet daher mit seinem „Anteil“ am Gesellschaftsvermögen auch für die alten Gesellschaftsschulden, also auch für die Forderung des H.

In sein sonstiges Vermögen dagegen könnte H nicht vollstrekken.

A und B haften natürlich mit ihrem ganzen Vermögen in voller Höhe weiter.

Beachte: *Die verschiedenen Lösungen in den Fällen I 1 und I 4a und b einerseits sowie in II 1 und II 4a und b andererseits. Das Recht der BGB-Gesellschaft ist infolge der schwächeren Haftungsbestimmungen weniger auf Gläubigerschutz ausgerichtet als das Recht der oHG. Dies findet seine Rechtfertigung wohl vor allem darin, daß die oHG eine Handelsgesellschaft ist, die ohne Kredit nicht existieren kann. Ihre Kreditfähigkeit wird daher mit Recht durch eine strenge Haftung der Gesellschafter besonders gestärkt. Die BGB-Gesellschaft ist nicht in diesem Maße auf Kredit angewiesen, hier werden daher so strenge Haftungsvorschriften nicht benötigt.*

Bei den Kapitalgesellschaften (AG, GmbH) haften die Gesellschafter den Gläubigern nicht. Hier muß der Gesellschaft ein bestimmtes Kapital zur Verfügung gestellt werden, das ihr nicht wieder entzogen werden darf (vgl. Fall 36). Dieses Kapital soll den Gläubigern die Sicherheit gewähren, die ihnen sonst die persönliche Haftung der Gesellschafter gibt.

Lösung 33

I.

1. a) Ansprüche gegen A.

§ 823 I BGB? F ist ein Schaden entstanden. Verletzt sind Körper und Gesundheit, u.U. Eigentum. Widerrechtlichkeit ist gegeben, ebenso Verschulden (Fahrlässigkeit, § 276 BGB), also Anspruch aus § 823 I BGB.

§ 823 II BGB i.V.m. § 230 StGB, § 1 StVO? Das Verbot der Körperverletzung und des verkehrswidrigen Verhaltens sind Gesetze zum Schutz des einzelnen, daher Ansprüche aus § 823 II BGB i.V.m. den Schutzgesetzen.

Ansprüche aus dem Straßenverkehrsgesetz.

A haftet nach § 18 I StVG als Fahrer (Verschulden erforderlich, s. § 18 I S.2!), u.U. auch nach § 7 StVG als Halter (falls er den Wagen selbst hält), aber Haftungsbeschränkungen nach § 12 I Nr.1 StVG und kein Schmerzensgeld.

b) Ansprüche gegen die Gesellschaft.

Es handelt sich um eine BGB-Gesellschaft (§§ 705 ff. BGB). Da diese nicht rechtsfähig ist, kann sie selbst nicht Anspruchsgegner sein.

c) Vielfach wird angenommen, der geschäftsführende Gesellschafter sei, da von den übrigen Gesellschaftern zur Leitung bestellt, Verrichtungsgehilfe i.S. des § 831 BGB. Schließt man sich dieser Meinung an, hätte A in Ausführung der ihm übertragenen Verrichtung (Dienstfahrt!) den Schaden verursacht. B würde sich aber exkulpieren können.

Es ist jedoch zweifelhaft, ob man den geschäftsführenden Gesellschafter als Verrichtungsgehilfen betrachten darf, da er nicht an Weisungen der übrigen Gesellschafter gebunden ist (s. §§ 712, 715/6 BGB). Die Haftung des Geschäftsherrn ist die Folge seines Einflusses auf den Verrichtungsgehilfen.[1] An diesem fehlt es aber gerade in unserem Fall.

2. a) Ansprüche gegen A.

Vgl. oben 1 a.

---

[1] BGHZ 45, 311 (313). Vgl. auch Palandt-Thomas, BGB, 43.Aufl. 1984, § 831, Anm.3 a, b; Larenz, Lehrb. d. SchuldR, Bd.II, 12.Aufl. 1981, § 73 IV sowie oben, Fall 5.

b) Ansprüche gegen die oHG.
§ 31 i.V.m. § 823 I BGB und § 124 HGB? § 31 BGB ist wegen der stark ausgeprägten rechtlichen Verselbständigung der oHG (arg. §§ 124 I und II, 129 IV HGB) auf diese entsprechend anwendbar (h.M.).[1]
Die Gesellschaft ist eine oHG (§ 105 i.V.m. § 1 HGB). § 31 BGB also anwendbar. A ist verfassungsmäßig berufener Vertreter der oHG. Er hat dem F auch in Ausführung der ihm zustehenden Verrichtungen (Fahrt zu einer dienstlichen Besprechung) Schaden zugefügt. Diese Handlung verpflichtet zum Schadensersatz, also Haftung der oHG.
c) Ansprüche gegen B.
B haftet gemäß § 128 HGB für den Anspruch des F unmittelbar.

3. a) Ansprüche gegen A.
Vgl. oben 1a.
b) Ansprüche gegen die X-AG.
Auf die AG als juristische Person mit Vereinscharakter (Mitgliederwechsel o.w. möglich) ist § 31 BGB unmittelbar anwendbar. Im übrigen Lösung wie 2b: die X-AG ist ersatzpflichtig.

II.
1. a) Ansprüche gegen die Gesellschaft bestehen nicht, da es dieser an der Rechtspersönlichkeit fehlt.
b) Ansprüche gegen A und B.
Anspruchsgrundlage: §§ 433 II, 427, 421 BGB. Der Anspruch gegen A selbst ist unproblematisch.
War A Vertreter des B gemäß § 164 I BGB? Ob A Vertretungsmacht hatte, bestimmt sich bei der BGB-Gesellschaft nach § 714 BGB. Die Vertretungsmacht ist im Zweifel mit der Geschäftsführungsbefugnis gekoppelt *(Unterschied zwischen Geschäftsführungs- und Vertretungsbefugnis?)*.[2]
A stand nach dem Gesellschaftsvertrag (oder einer Ergänzung hierzu) die Einzelgeschäftsführungsbefugnis für den Ankauf

---

[1] BGH LM § 126 HGB Nr. 1; Erman-Westermann, BGB, 7. Aufl. 1981, § 31, Rz. 1; Hadding, StudK BGB, 2. Aufl. 1979, § 31, Anm. 1; Roth, Handels- u. GesellschaftsR, 1980, § 7, 3.

[2] Vgl. dazu Pleyer-Pesch, GesellschaftsR, 1975, S. 18; Reinhardt-Schultz, GesellschaftsR, 2. Aufl. 1981, § 8, Rz. 68 ff.; Hüffer, GesellschaftsR, 2. Aufl. 1983, § 9, 2.; Raiser, Recht d. KapGes., 1983, § 11; Roth, Handels- u. GesellschaftsR, 1980, § 8, 5.

von Maschinen nicht zu. Er hatte folglich auch keine Vertretungsmacht.
Der Vertrag ist also, soweit B verpflichtet werden sollte, nach § 177 I BGB schwebend unwirksam. B ist zur Zahlung nicht verpflichtet.

2. Eine Beschränkung der Vertretungsmacht, wie unter 1 bejaht, ist bei der oHG nach § 126 II HGB mit Außenwirkung nicht möglich. Zahlungspflichtig sind die oHG nach § 433 II BGB i.V.m. § 124 I HGB, sowie A und B nach § 128 HGB.

Beachte: *die nicht übereinstimmenden Grenzen der Geschäftsführungsbefugnis und der Vertretungsmacht in der oHG (§ 116 I u. § 126 I HGB).*[1]

3. a) Ansprüche gegen die AG.
Die AG haftet aus § 433 II BGB auf Zahlung, da sie nach § 78 I AktG durch den Vorstand vertreten wird und eine Beschränkung der Vertretungsmacht gemäß § 82 I AktG im Außenverhältnis unwirksam ist.
b) Ansprüche gegen A.
A hat die AG wirksam vertreten, haftet also nicht selbst.

Beachte: *Bei den Handelsgesellschaften u. ä. ist – im Interesse der Verkehrssicherheit – die Vertretungsmacht der Organe mit Wirkung nach außen nicht beschränkbar [§§ 126 II HGB, 82 I AktG, 37 II GmbHG, 27 II GenG, 34 VersAufsG (VersVerein auf Gegenseitigkeit), anders die Regelung in § 714 BGB (BGB-Gesellschaft), § 26 II BGB (Verein, s. aber auch § 64 S. 2 und § 70 BGB für den e. V.), ferner auch die weniger bedeutsamen §§ 493, 495 HGB (Reederei)]. Vgl. in diesem Zusammenhang auch § 50 I HGB, der, ebenfalls um der Verkehrssicherheit willen, Beschränkungen der Prokura mit Außenwirkung verbietet.*

Lösung 34

1. a) Die Verlängerung ist zwar vor Ablauf der 5-Jahresfrist des § 84 I AktG erfolgt. Dies ist aber jedenfalls dann unschädlich,

---

[1] Vgl. dazu Hüffer, GesellschaftsR, 2. Aufl. 1983, § 15 1. b, 2. b; Maiberg, GesellschaftsR, 4. Aufl. 1981, Rz. 65, 72.

wenn, wie hier, die Verlängerung im letzten Jahr vor Ablauf der Amtszeit vorgenommen wird. Der Aufsichtsrat kann und darf in aller Regel nicht bis zum letzten Tag der 5-Jahresfrist warten, um die Verlängerung vorzunehmen.

b) Die Neubestellung ist aber nur vom Präsidium des Aufsichtsrates beschlossen worden. Gemäß § 107 III AktG kann der Aufsichtsrat gewisse Befugnisse auf Ausschüsse übertragen. Die Bestellung des Vorstandes kann jedoch nach ausdrücklicher Vorschrift des § 107 III AktG nicht delegiert werden. Sie ist so wichtig, daß sie nur vom Aufsichtsrat selbst vorgenommen werden kann.

Die Verlängerung der Bestellung des V im Jahre 1967 durch das Präsidium ist daher nicht rechtswirksam.

2. Eine stillschweigende Bestellung durch konkludentes Verhalten aller Aufsichtsratsmitglieder, das in ihrem Nichteinschreiten und in ihrem Schweigen erblickt werden könnte, scheidet aus. Das Gesetz legt gerade darauf Wert, daß die Gründe, die für oder gegen eine Verlängerung sprechen, erörtert und abgewogen werden. Dies ist bei einem Verfahren wie im vorliegenden Fall in keiner Weise gewährleistet. Hier wartet vielleicht jeder darauf, daß der andere die Initiative ergreift, man erfährt vielleicht auch gar nicht, daß jemand triftige Gründe gegen eine Verlängerung hat u. ä. m.

3.

Die Bestellung des Vorstandes ist im Jahre 1963 offenbar, wie im Gesetz vorgesehen, zum Handelsregister angemeldet, dort eingetragen und bekanntgemacht worden. Infolge des Fehlens einer wirksamen Verlängerung ist die Vorstandseigenschaft des V im Jahre 1968 erloschen.

Diese Tatsache hätte gemäß § 81 I AktG zum Handelsregister angemeldet, eingetragen und bekanntgemacht werden müssen. Da dies nicht erfolgt ist, kann das Erlöschen der Vertretungsmacht gemäß § 15 I HGB dritten Personen grundsätzlich nicht entgegengehalten werden. Die Erklärungen des V wirken (vgl. § 78 AktG u. § 164 I BGB) also für die AG.

Lösung 35

1. a) Solange A alleiniger Geschäftsführer war, vertrat er gemäß § 35 I GmbHG die Gesellschaft.
Die Bestellung eines zweiten Geschäftsführers durch Beschluß der Gesellschafter war möglich. (Vgl. § 6 III i. V. m. §§ 45 II u. 46 Ziff. 5 GmbHG.) Eine Eintragung im Handelsregister ist mangels besonderer gesetzlicher Anordnung nicht Voraussetzung für die Wirksamkeit der Bestellung. Eine Satzungsänderung ist nicht erforderlich.
Mit der Bestellung des zweiten Geschäftsführers tritt automatisch Gesamtvertretung ein (§ 35 II S. 2 GmbHG), d. h. Erklärungen für die Gesellschaft müssen durch beide Geschäftsführer abgegeben werden (oder einer muß wenigstens der Erklärung des anderen zustimmen). Erklärungen Dritter an die Gesellschaft brauchen allerdings nur einem Geschäftsführer gegenüber abgegeben zu werden (§ 35 II S. 3 GmbHG).
b) Die Änderungen in der Zahl der Geschäftsführer sind zum Handelsregister anzumelden (§ 39 I GmbHG).
Da man dies unterlassen hat, greift § 15 I HGB ein. Die eintragungspflichtige, aber nicht eingetragene Tatsache kann dem gutgläubigen L nicht entgegengehalten werden, da sie ihm nicht bekannt war. Der von A abgeschlossene Kaufvertrag mit L ist daher gemäß § 15 HGB für die GmbH bindend.

2. a) Da die Satzung nur einen einzigen Geschäftsführer vorsieht, können die Gesellschafter nicht ohne weiteres einen zweiten Geschäftsführer bestellen.
Sie müßten vielmehr zuerst die Satzung ändern (Beurkundung des Gesellschafterbeschlusses und Dreiviertelmehrheit gemäß § 53 I u. II GmbHG); eine solche Satzungsänderung würde gemäß § 54 III GmbHG erst mit der Eintragung im Handelsregister wirksam. An allen diesen Voraussetzungen fehlt es offensichtlich, so daß die Gesellschaft nach wie vor dem bisherigen Recht untersteht, d. h. von A allein vertreten wird.
b) Der von A mit L abgeschlossene Vertrag ist daher wirksam und bindet die GmbH.

Lösung 36

1. Die Aufbringung des Grundkapitals der AG sichern die §§ 63 ff. AktG und ferner aus dem Bereich der Gründungsvorschriften die §§ 36 ff. und 46 AktG. Die Eintragung der AG darf erst erfolgen (vgl. § 38 I AktG), wenn mindestens ein Viertel des Nennbetrages auf jede Aktie eingezahlt ist (§ 36 a I AktG).[1]

a) AG gegen Z:
Z als derzeitiger Aktionär ist zur Zahlung verpflichtet (§§ 54 I, II; 63 AktG), und zwar zur Zahlung des gesamten Betrages, auch der gesetzwidrig nicht geleisteten ersten 40%.
Die von ihm erworbenen Aktien müssen, da sie noch nicht voll eingezahlt waren, Namensaktien sein (§ 10 II AktG). Wenn ein Teilbetrag geleistet worden wäre, hätte er auf den Aktien vermerkt sein müssen. Z wußte also oder konnte wenigstens erfahren, daß er Aktien erwirbt, auf die noch nichts geleistet worden ist. Er darf sich also nicht beklagen, wenn er nun haftbar gemacht wird.
b) AG gegen Y, X und A:
Kann Z nicht zahlen, werden die Aktien kaduziert, d.h., Z wird „seiner Aktien für verlustig erklärt" (§ 64 AktG, daselbst Einzelheiten des Verfahrens).
Für den Ausfall der Gesellschaft, soweit er von den Nachmännern nicht zu erlangen ist, haften die Vormänner.

(§ 65 I AktG, also kein Sprungregreß wie beim Wechsel, Art. 43 WG, wo man beliebige Vormänner oder sogar alle gesamtschuldnerisch (§ 421 BGB) in Anspruch nehmen kann, sondern „Stufenregreß" jeweils gegen den nächsten Vormann).

Gehaftet wird für den vollen Betrag, also 100%.
Sind alle Vormänner zahlungsunfähig, kann die Aktie verwertet werden (§ 65 III AktG).
c) Ansprüche gegen B, C, D, E.
Alle Gründer sind für die Richtigkeit der Angaben, die zum Zwecke der Gründung über die Einzahlung auf die Aktien gemacht worden sind, verantwortlich und haben fehlende Einla-

---

[1] Zur Gründung der AG vgl. Pleyer-Pesch, GesellschaftsR, 1975, S. 61–65; Reinhardt-Schultz, GesellschaftsR, 2. Aufl. 1981, § 37, Rz. 450 ff.; Maiberg, GesellschaftsR, 4. Aufl. 1981, Rz. 218 ff.; Kübler, GesellschaftsR, 1981, § 15 I; Hadding, Die HGB-Klausur, 1980, § 16.

gen selbst zu erbringen (§ 46 I AktG), wenn sie die die Ersatzpflicht begründenden Tatsachen kannten oder infolge Verschuldens nicht kannten (§ 46 III AktG). Ihre Haftung ist keine subsidiäre (die AG braucht sich nicht zuerst an Z zu halten). B-E haften unter diesen Voraussetzungen für die ersten 40%.
Sofern B bis E die Zahlungsunfähigkeit des A gekannt und ihn dennoch als Aktionär angenommen haben, haften sie der Gesellschaft als Gesamtschuldner (§ 46 IV AktG, § 421 BGB) für den Ausfall, der durch die Zahlungsunfähigkeit des A entsteht, also für die gesamte Einlage. Um den „Ausfall" festzustellen, müssen aber erst Z ausgeschlossen und seine Vormänner haftbar gemacht werden (§§ 64, 65 AktG).

2. Parallelen zur AG: die Aufbringung des Stammkapitals sichern die §§ 19ff. GmbHG, speziell auf die Gründung zugeschnitten sind die §§ 7 und 9 GmbHG. Nach § 7 II GmbHG muß vor der Anmeldung mindestens ein Viertel des Einzahlungsbetrages auf jede Stammeinlage geleistet sein.[1]

a) GmbH gegen Z:
Z ist gemäß § 19 I GmbHG zur Zahlung des vollen Betrages verpflichtet.
b) GmbH gegen Y und X:
Kaduzierung nach § 21 GmbHG (vgl. § 64 AktG). Jeder Rechtsvorgänger (Vormann) haftet für den von dem Ausgeschlossenen nicht bezahlten Betrag (§ 22 I GmbHG). Stufenregreß wie bei AG (§ 22 II GmbHG), Haftung in voller Höhe.
Außerdem haften Y und X als Veräußerer sowie X, Y und Z als Erwerber für die zur Zeit der jeweiligen Anmeldung rückständigen Leistungen (§ 16 III GmbHG). Unter „Anmeldung" ist hier nicht etwa die im Gründungsstadium erfolgende Anmeldung zum Handelsregister zu verstehen, sondern, wie sich aus § 16 I GmbHG ergibt, die Anmeldung sämtlicher Veräußerungen eines Geschäftsanteiles bei der GmbH.
Die Haftung kann bis zur vollen Stammeinlage reichen, sie ist nicht subsidiär (also keine vorherige Kaduzierung des Anteils erforderlich).

[1] Zur Gründung der GmbH vgl. Raiser, Recht der KapGes, 1983, § 26; Reinhardt-Schultz, GesellschaftsR, 2. Aufl. 1981, § 58, Rz. 760ff.; Maiberg, GesellschaftsR, 4. Aufl. 1981, Rz. 316ff.; Mittelbach, 35 Fälle mit Lösungen aus dem GesellschaftsR, 2. Aufl. 1983, Fälle 29f.

c) GmbH gegen A:
Er haftet gemäß § 22 I und § 16 III GmbHG wie Y und X.
d) Sind alle Rechtsvorgänger zahlungsunfähig, kann der GmbH-Anteil verwertet werden (§ 23 GmbHG).
e) Ansprüche gegen B, C, D, E:
Kann die Einlage weder von dem Zahlungspflichtigen eingezogen noch durch Versteigerung des Geschäftsanteils gedeckt werden, müssen gemäß § 24 GmbHG die übrigen Gesellschafter, also B, C, D, E den Fehlbetrag nach dem Verhältnis ihrer Geschäftsanteile aufbringen. Diese „gegenseitige Deckungspflicht", die die Gesellschafter zu Leistungen verpflichten kann, die weit über die Stammeinlage hinausgehen (vgl. auch § 31 III GmbHG), ist aber nur die ultima ratio, die erst eingreift, wenn alle anderen Wege zur Beitreibung des ausstehenden Geldes vergeblich versucht worden sind oder aussichtslos waren (Ausschließung des Säumigen, Maßnahmen gegen ihn und seine Rechtsvorgänger wegen des Ausfalles, Verkauf des Anteiles, vgl. §§ 21–23 GmbHG).
B, C, D, E haften dagegen nicht o.w. nach § 9a I GmbHG, wo eine Haftung der Anmeldenden für die Richtigkeit ihrer Angaben bzgl. der Leistungen auf die Stammeinlagen statuiert wird. Die Anmeldung braucht nur von den Geschäftsführern und nicht von den gründenden Gesellschaftern vorgenommen zu werden.[1]

Beachte: *die weitgehenden Parallelen zwischen AG und GmbH. Sie sind durchaus verständlich. AG und GmbH sind Kapitalgesellschaften und kennen eine persönliche Haftung der Gesellschafter für die Gesellschaftsschulden nicht. Also muß bei beiden Gesellschaften bestmöglich gewährleistet werden, daß wenigstens das Grund- bzw. Stammkapital aufgebracht wird und nach seiner Aufbringung der Gesellschaft auch erhalten bleibt (vgl. §§ 57ff. AktG,*

---

[1] Die GmbH entsteht als juristische Person nicht bereits mit der Anmeldung, sondern erst mit der Eintragung in das Handelsregister (§ 11 I GmbHG). Vgl. zum Übergang der Aktiva und Passiva von der Vorgesellschaft auf die GmbH, insbes. zum Abrücken des BGH vom strikten „Vorbelastungsverbot" zugunsten einer Differenzhaftung der Gründungsgesellschafter nach § 9 GmbHG analog: BGHZ 80, 129 (136ff.) = BGH NJW 1981, 1373ff.; Roth, GmbHG, 1983, § 11 Anm. 2. 3; Raiser, Recht der KapGes, 1983, § 26 VI; Hüffer, GesellschaftsR, 2. Aufl. 1983, § 31, 1.c. Zur Gründerhaftung vor Eintragung vgl. § 11 II GmbHG.

30ff. GmbHG). Die sonstigen erheblichen strukturellen Unterschiede zwischen AG und GmbH spielen also hier kaum eine Rolle. Immerhin ist die gegenseitige Deckungspflicht der GmbH-Gesellschafter für ausstehende Einlagen (die keinerlei Verschulden voraussetzt!) nur bei einer Gesellschaft, die typischerweise auf wenige Gesellschafter zugeschnitten ist, tragbar, weil andernfalls das Risiko zu groß würde. Man findet sie deshalb nur bei der GmbH, während das AktG, obwohl seine Gründungsvorschriften sonst viel strenger sind als die des GmbHG, eine analoge Regelung nicht kennt.

3. a) § 1 GmbHG läßt seit 1981 die Gründung einer GmbH auch durch nur eine Person zu.[1] Zwar hatte es auch schon vor 1981 sog. Ein-Mann-GmbHs gegeben, doch konnten diese nur durch Übernahme aller Gesellschaftsanteile einer zunächst von mehreren gegründeten GmbH durch eine Person entstehen. Auch bei Gründung einer Ein-Mann-GmbH bedarf der Gesellschaftsvertrag der notariellen Form (§ 2 GmbHG).
Nach § 5 I GmbHG muß A ein Stammkapital von mindestens 50000 DM aufbringen. Die Anmeldung zur Eintragung in das Handelsregister kann allerdings gemäß § 7 II GmbHG bereits erfolgen, wenn auf das Stammkapital ein Viertel, mindestens aber 25000 DM eingezahlt sind. Mit 20000 DM Bareinlage und einer – nach § 5 IV GmbHG festzusetzenden und nach § 8 I Nr. 5 GmbHG nachzuweisenden – Sacheinlage von 10000 DM erfüllt A die Voraussetzungen von § 7 II GmbHG. Für den noch ausstehenden Betrag des Stammkapitals muß A jedoch nach § 7 II S. 3 GmbHG eine Sicherheit leisten.[2] Danach kann die GmbH mit der nach § 10 GmbHG zu erfolgenden Eintragung als Ein-Mann-Gesellschaft entstehen.
b) aa) Die Behandlung des Darlehens über 5000 DM richtet sich nach § 32a GmbHG. Ein ordentlicher Kaufmann hätte der Gesellschaft, als sie auf dem Kapitalmarkt keinen Kredit (mehr) erlangen konnte, nicht ein Darlehen zugeführt, sondern ihr zwecks Vermeidung der Unterkapitalisierung neues Eigenkapital zugeführt. Gemäß der Regelung des § 32a I GmbHG wird

[1] Vgl. dagegen zur AG § 2 AktG.
[2] Vgl. dazu Roth, GmbHG, 1983, § 7, Anm. 5; Bartl-Henkes, GmbHG, 1980, Rz. 152.

ein der Gesellschaft dennoch gewährtes Darlehen im Konkurs der Gesellschaft wie die Zuführung von Eigenkapital behandelt. A kann daher keinen Anspruch auf Rückgewähr des Darlehens geltend machen.

bb) Die Stundung des Betrages von 3000 DM durch L nebst der Bürgschaft des A entspricht wirtschaftlich einem eigenkapitalersetzenden Darlehen des L an die GmbH. Nach § 32 b S. 4 und 1 GmbHG i.V.m. § 32a II und III GmbHG muß der bei einem solchen Geschäft als Bürge haftende Gesellschafter der Gesellschaft den an den Dritten gezahlten Betrag erstatten. Diese Erstattungspflicht des Gesellschafters hat ihren Grund darin, daß der Gesellschafter als Triebfeder der die Gesellschaftsgläubiger gefährdenden Umgehung einer Eigenkapitalzuführung durch ein darlehensähnliches Geschäft angesehen wird.[1] K kann daher nach § 32 b S. 1, 4 i.V.m. § 32 a II, III GmbHG von A die Erstattung der an L gezahlten 3000 DM verlangen.[2] Als weitere Anspruchsgrundlage des K kommt § 826 BGB (vorsätzliche sittenwidrige Schädigung anderer Gläubiger der GmbH) in Betracht.

Lösung 37

Wiederhole: *das Verhältnis Wertpapier-Grundgeschäft.*[3]

1. § 985 BGB?

A war auch nach dem Verlust des Papiers noch Eigentümer Hat C Eigentum erworben? Zwischen B und C fand eine Übereignung nach § 929 S. 1 BGB statt. B war aber nicht Eigentümer, C hat also nicht nach § 929 BGB Eigentum erworben. C war jedoch gutgläubig; er wußte nicht, daß das Papier nicht dem B gehörte, seine Annahme beruhte auch nicht auf grober Fahrlässigkeit. Demgemäß hat C nach § 932 BGB Eigentum erworben.
§ 935 I BGB, der den gutgläubigen Erwerb an verlorengegange-

---

[1] Vgl. Scholz-Winter, GmbHG, 6. Aufl. 1983, §§ 32a, 32b, Rz. 125; Bartl-Henkes, GmbHG, 1980, § 32b, Rz. 355. Ausführlich zum Gläubigerschutz durch Eigenkapitalschutz Wiedemann, GesellschaftsR, Bd. I, 1980, § 10 IV 2, 3. Zur Lage bei der AG vgl. z. B. Heilmann, KTS 1983, 513 ff. m. w. N.

[2] Vgl. zur Erstattungspflicht der Geschäftsführer der GmbH für nach Eintritt eines Konkursgrundes (§ 63 I GmbHG) geleistete Zahlungen der Gesellschaft § 64 II GmbHG.

[3] Vgl. dazu etwa Zöllner, WertpapierR, 13. Aufl. 1982, § 5 und Meyer-Cording, WertpapierR, 1980, A VIII.

nen Sachen ausschließt, gilt gemäß § 935 II BGB nicht für Inhaberpapiere (s. § 793 BGB).
Durch den Eigentumserwerb des C ist das Eigentum des A untergegangen, er kann sein Papier nicht nach § 985 BGB herausverlangen.

2. § 985 BGB?
Hat A durch die Begebung des Schecks von B an C (Übereignung gemäß § 929 BGB, da Inhaberscheck, vgl. Art. 5 II ScheckG) sein Eigentum an dem Papier verloren?
Der Scheck ist dem A abhandengekommen.
Es handelt sich um einen Inhaberscheck (Art. 5 II ScheckG), also ist kein Nachweis einer ununterbrochenen Indossamentenkette (Art. 21, 19 ScheckG, vgl. auch Frage 3) erforderlich. C hielt den B für den berechtigten Inhaber des Schecks. Ihm fällt auch keine grobe Fahrlässigkeit zur Last. Demnach ist C Eigentümer geworden. (Der Wortlaut des Art. 21 ScheckG ist nicht ganz eindeutig. Das Gesetz spricht nur von der Herausgabepflicht. Diese aber besteht nur dann, wenn der Erwerber nicht Eigentümer geworden ist.) A hat sein Eigentum verloren und kann keine Herausgabe fordern.

3. § 985 BGB?
Ist C nach Art. 16 II WechselG Eigentümer geworden? (Zum Wortlaut des Art. 16 II WechselG vgl. die Ausführungen zu Art. 21 ScheckG.)
Der Wechsel ist dem früheren Inhaber A abhandengekommen (vgl. Fall 2). Kann C seinen Rechtserwerb nach Art. 16 I WechselG belegen?
3 Möglichkeiten:
a) Das Indossament von A auf B fehlt; die Indossamentenkette ist dann nicht geschlossen, C ist zur Herausgabe verpflichtet.
b) Der verlorene Wechsel war mit einem Blankoindossament versehen. Dann konnte ihn B ohne weiteres Indossament oder mit seinem eigenen Indossament auf C (Art. 16 I S. 3) an C weitergeben. In beiden Fällen liegt eine geschlossene Kette nach Art. 16 I vor.
c) B hat auf den gefundenen Wechsel ein gefälschtes Indossament von A auf sich selbst (oder auch ein gefälschtes Blankoindossament des A) gesetzt und dann den Wechsel an C indossiert.

Die Indossamentenkette ist dann äußerlich geschlossen. Dies ist allein entscheidend. Vgl. Art. 7, ferner auch Art. 69 WechselG. Welche der 3 Möglichkeiten gegeben ist, kann man aus dem Sachverhalt nicht ersehen. C war nicht bösgläubig und hat auch nicht grob fahrlässig gehandelt, so daß er in den Fällen b) und c) Eigentümer geworden ist.

4. § 985 BGB?
Der Schuldschein ist kein Wertpapier, er gehört gemäß § 952 I S. 1 BGB dem jeweiligen Gläubiger der Forderung.
Ist A noch Gläubiger oder ist dies C geworden? Übertragung der Forderung nach § 398 I S. 1 BGB durch formlosen Vertrag, der aber vom Gläubiger abgeschlossen werden muß. B war niemals Gläubiger. Einen den §§ 932 ff. BGB entsprechenden Schutz für den gutgläubigen Erwerber gibt es im Recht der Forderungsabtretung nicht (§ 405 trifft hier nicht zu). A ist also noch Gläubiger des X und Eigentümer des Schuldscheines, daher Anspruch auf § 985 BGB gegen C.

Beachte: *Bei den Inhaberschuldverschreibungen, dem Wechsel und dem Scheck verknüpfen die Gesetze Forderungen mit dem Eigentum am Papier deshalb, um dem Erwerber eine bessere Rechtsposition einzuräumen, als sie der Zessionar einer Forderung hat (vgl. Fall 4), und um auf diese Weise die Übertragbarkeit (den Umlauf) des verbrieften Rechts zu fördern. Diese Umlauffähigkeit wird bei den Inhaberpapieren am meisten gestärkt, da sie ganz einfach zu übertragen sind (§§ 929ff. BGB) und dennoch den Erwerber hinreichend schützen (§§ 932ff., insbes. § 935 II BGB). Die Orderpapiere sind wegen des nötigen Indossamentes nicht so leicht zu übertragen, schützen den Erwerber aber auch weitestgehend (Art. 16 WechselG). Sie bieten außerdem, soweit das Indossament auch Garantiefunktion hat (Haftung des Indossanten für Annahme und Zahlung gemäß Art. 15 WechselG, nicht aber bei den Papieren der §§ 363–365 HGB), dem Erwerber zusätzlich Sicherheiten für die Einlösung des Papieres. Hierfür gibt es bei den Inhaberpapieren keine Parallele. Vgl. aber Art. 20 ScheckG und Fall 38.*

Lösung 38

1. Anspruchsgrundlage § 607 BGB.
A und B haben einen Darlehensvertrag abgeschlossen. Dieser

setzt jedoch, da sog. Realvertrag *(problematisch*[1]*)*, übereinstimmende Willenserklärungen *und* Hingabe des Geldes voraus (vgl. Wortlaut des § 607 BGB).
Hier fehlt es an der Hingabe des (echten) Geldes, also ist kein Darlehensvertrag zwischen A und B zustande gekommen.
A hatte folglich auch keinen Rückzahlungsanspruch aus § 607, der gemäß § 398 BGB abgetreten werden könnte.
Dies muß sich C entgegenhalten lassen (vgl. § 404 BGB), er kann nicht von B Zahlung verlangen. (Man braucht also nicht auf die Anfechtung nach den §§ 119, 123 zurückzugreifen.)

2. Die gleiche Rechtslage wie in Fall 1. Der Schuldschein ist kein Wertpapier, sondern nur Beweisurkunde, er ändert nichts an dem Ergebnis. Das Vertrauen auf die in ihm enthaltenen Erklärungen wird nicht geschützt. (§ 405 BGB greift nicht ein, da sein Vertrauensschutz auf die dort aufgezählten Einwendungen beschränkt ist.) Für eine Verpflichtung nach § 780 BGB sprechen keine Anhaltspunkte.

3. Da B Kaufmann ist und der Verpflichtungsschein die Orderklausel enthält, liegt ein kaufmännisches Orderpapier i. S. von § 363 I S. 2 HGB vor. Durch die „Indossierung" des Papiers an C (genauer durch die Einigung und Übergabe des indossierten Papieres) hat dieser das Eigentum und die dem Eigentum folgende Forderung erworben.
B kann dem C nur die in § 364 II HGB aufgezählten Einwendungen entgegenhalten.[2] Solche liegen nicht vor.

Beachte *auch: § 808 a BGB.*

4. § 793 BGB?
Voraussetzung wäre, daß eine staatliche Genehmigung gemäß § 795 BGB vorliegt. Solche Genehmigungen werden nicht o. w. erteilt, um die öffentlichen Anleihen und das staatliche Geld gegen unerwünschte Konkurrenz privater, geldähnlicher Anleihepapiere zu schützen (vgl. dazu auch § 808 a BGB).
Sollte eine Genehmigung vorliegen (z. B. bei Industrieobligatio-

---

[1] Vgl. etwa Palandt-Putzo, BGB, 43. Aufl. 1984, Einf v § 607, Anm. 1 b und Larenz, Lehrb. d. SchuldR, Bd. II, 12. Aufl. 1981, § 51 II.
[2] Vgl. Baumbach-Duden-Hopt, HGB, 25. Aufl. 1983, § 364, Anm. 2.

nen), wäre der Fall wie folgt zu lösen: B hat das Papier an A gemäß § 929 BGB übereignet, C hat gemäß § 929 BGB von A Eigentum am Papier erworben.[1] B könnte ihm nur die in § 796 BGB genannten Einwendungen entgegenhalten. Solche liegen nicht vor.
Ist keine Genehmigung erteilt worden, scheiden wertpapierrechtliche Vorschriften aus. B wäre aber dem C schadensersatzpflichtig (§ 795 II BGB).

Beachte: *Die Verbriefung einer Forderung in einem Order- oder Inhaberpapier bietet den großen Vorteil, daß dem Erwerber nur wenige Einwendungen gegen die Forderung entgegengehalten werden können, so daß er also eine verhältnismäßig sichere Position erlangt. Forderungen, die in solchen Papieren verbrieft sind, sind deshalb besser für den Umlauf geeignet als Forderungen, die gemäß § 398 durch bloßen Abtretungsvertrag übertragen werden müssen.[2] Vgl. auch Fall 39.*

Lösung 39

1. Ansprüche gegen V.
§ 433 I S. 1 BGB? V hat nicht befreiend an X leisten können. Dem V ist jedoch die Lieferung nicht mehr möglich, also §§ 440 I, 320 ff. BGB.
Hat er die Unmöglichkeit zu vertreten? V haftet nicht nur für eigenes Verschulden (§ 276 I BGB), sondern gemäß § 278 BGB auch für das Verschulden des Verkäufers, da er sich seiner zur Erfüllung der Verbindlichkeit gegenüber K (Auslieferung des Anzuges) bedient hat (Erfüllungsgehilfe!).
Der Verkäufer, der dem X den Anzug ausgehändigt hat, handelte fahrlässig, weil er die Personalien des X nicht überprüfte. K hat also Ansprüche aus § 440 I i. V. m. § 325 I S. 1, s. auch I S. 3 (Schadensersatz wegen Nichterfüllung *oder* auch Rücktritt vom Vertrag, §§ 327, 346 ff.).

---

[1] Die Frage, ob B die Übereignung des Papiers an A anfechten (§ 123 BGB) und welche Auswirkungen dies gegenüber C haben könnte, soll hier nicht näher geprüft werden.
[2] Vgl. dazu Pleyer-Elsner, Handels- u. WertpapierR, 1978, S. 63 f. und Meyer-Cording, WertpapierR, 1980, A IV.

2. § 433 I S. 1 BGB?
Ist der Erfüllungsanspruch des K nach § 370 BGB erloschen? X hat eine (echte) Quittung überbracht. Aus dem Sinn des § 370 BGB ergibt sich jedoch, daß sich die Quittung auf die zu empfangende Leistung beziehen und vom Gläubiger dieser Leistung ausgestellt sein muß. Es müßte sich also um eine Quittung des K über die Empfangnahme des Anzuges handeln. X hat jedoch eine von V ausgestellte Quittung über die Zahlung des Kaufpreises vorgelegt. Also ist § 370 BGB nicht anwendbar.
Man kann jedoch die namens des V durch seine Verkäufer abgegebene Erklärung, der Anzug werde gegen Vorzeigen der quittierten Rechnung ausgehändigt, so deuten, daß V an den Überbringer der Quittung mit schuldbefreiender Wirkung leisten könne. Eine solche Abrede zwischen V und K – die auch stillschweigend getroffen werden könnte – wäre gemäß § 305 BGB (Vertragsfreiheit) zulässig. Dann wäre V frei geworden. Das Vorweisen der Quittung kann aber auch nur als Beleg dafür gedacht sein, daß der Anzug bereits bezahlt ist. Dann hätte der Verkäufer die Identität des Abholers oder sein Recht zur Empfangnahme des Anzuges prüfen müssen. In diesem Fall Lösung wie in Frage 1. Im Rahmen des Schadensersatzanspruches nach § 325 I wäre dann zu prüfen, ob dem K ein Mitverschulden zur Last fällt (§ 254 I), weil er die Quittung verloren hat. Die letztere der beiden Lösungen dürfte hier vorzuziehen sein, da man vermutlich den Fall, daß ein Dritter den Anzug abholt, gar nicht mit ins Auge gefaßt hat.

3. § 433 I S. 1 BGB?
Konnte V an den Überbringer des Zettels schuldbefreiend leisten? Welche Bedeutung hat der Zettel? Dies richtet sich danach, was V mit der Ausstellung des Zettels bezweckte. Folgende Möglichkeiten sind denkbar (nur die wichtigsten):
a) Der Zettel soll lediglich zur Beweiserleichterung dienen (schlichte Beweisurkunde nach Art eines Schuldscheines). Der Beweis der Berechtigung kann auch auf jede andere Weise erbracht werden. Schuldbefreiende Leistungen sind nur an den wahren Gläubiger möglich und nicht an den Überbringer des Zettels.
b) Der Schuldner *kann* an den Überbringer des Zettels befrei-

end leisten. Er muß dies aber nicht, sondern kann auch den Nachweis der Berechtigung verlangen, sog. Legitimationszeichen. (Vgl. § 808 BGB, der auf Zeichen dieser Art analog angewendet wird, auch wenn der Gläubiger – wie hier – nicht benannt ist.) Legitimationsschutz besteht nur für den Schuldner. Dieser kann im allgemeinen die Leistung auch dann o.w. verweigern, wenn ihm nicht der Zettel vorgelegt und ausgehändigt wird (vgl. § 808 II S. 1 BGB).

c) Der Schuldner *muß* an den Inhaber des Papieres leisten, es sei denn, daß er selbst die Nichtberechtigung des Inhabers nachweisen kann (sog. Inhaberzeichen, §§ 807, 793 I BGB). Hier besteht Legitimationsschutz nicht nur für den Schuldner, sondern auch für den Inhaber des Zettels. Die Leistung erfolgt aber nur gegen Aushändigung des Zettels (§§ 807, 797 BGB).

d) Hiervon ist wohl zu unterscheiden die Frage, ob der Zettel im Falle der rechtsgeschäftlichen Weitergabe an einen Dritten diesem auch dann das Recht auf die Leistung des Schuldners (V) verschaffen kann, wenn der Veräußerer gar nicht Eigentümer des Zettels war (vgl. §§ 932ff. BGB). Im vorliegenden Fall kommt dies schon deshalb nicht in Frage, weil es an einem rechtsgeschäftlichen Übertragungsakt fehlt.

Hier dürfte wohl die Möglichkeit b) zutreffen. Der Schuldner K will an den Überbringer des Zettels befreiend leisten können, ohne dessen Berechtigung nachprüfen zu *müssen.* Er will andererseits aber sicher nicht darauf verzichten, bei Zweifeln auf dem Nachweis der Berechtigung zu bestehen. Vor allem aber will er die Leistung verweigern können, wenn ihm der Zettel nicht vorgelegt und ausgehändigt wird.

Demnach ist V durch Leistung an X frei geworden.

Lösung 40

1. a) Ansprüche gegen die C-Bank aus Scheckrecht.

Art. 28 ScheckG? Der Scheck ist ebenso wie der Wechsel eine Anweisung an einen Dritten, den sog. Angewiesenen, an den Anweisungsempfänger zu zahlen.

Weder bei der Anweisung des BGB noch beim Wechsel noch beim Scheck kann der Anweisende (B) von sich aus den Angewiesenen (die C-Bank) zur Ausführung der Anweisung verpflichten. Eine solche Verpflichtung tritt vielmehr nur durch entsprechende Erklärungen des Angewiesenen, die Annahme (das Akzept) ein (§ 784 I BGB, Art. 28 WG). Beim Scheck ist eine solche Annahmeerklärung ausdrücklich verboten (Art. 4 ScheckG. Vgl. auch Art. 15 III ScheckG, der eine Umgehung des Art. 4 durch ein Indossament des Bezogenen mit Garantiehaftung gemäß Art. 18 ScheckG verhindern will).

Das scheckrechtliche Akzeptverbot erklärt sich aus dem Bestreben des Gesetzes, daß der Scheck nur als Zahlungsmittel dienen soll, nicht aber wie der Wechsel als Kreditpapier.[1] *Er soll deshalb nicht durch Annahmevermerke der Banken mit Einlösungsverpflichtung gegenüber jedem berechtigten Scheckinhaber besonders „sicher" gemacht werden. Durchschlagend ist dieses Argument nicht. Selbst wenn man ein Scheckakzept zuließe, könnte man z. B. durch kurze Vorlegungsfristen mit Verfallwirkung gewährleisten, daß der Scheck nicht für Kreditzwecke verwendet wird. Die mit dem Euroscheck verwendete Scheckkarte bedeutet eine Einlösungszusage außerhalb des Schecks und ist deshalb zulässig.*[2]

Da der Scheck des B nicht durch eine Scheckkarte garantiert war, hat A keine Ansprüche gegen die C-Bank.

b) Ansprüche des A gegen B:

I. aus Scheckrecht.

Rückgriff gegen den Aussteller nach Art. 40 ScheckG, da der Scheck nicht eingelöst worden ist (vgl. auch Art. 12 ScheckG). Erforderlich für den Rückgriff gegen den Aussteller ist der Scheckprotest oder eine ähnliche Feststellung der Zahlungsverweigerung (Art. 40 ff.)

II. aus dem Dienstvertrag.

A hat einen Anspruch auf Vergütung nach § 611 I BGB. Ist dieser Anspruch durch die Entgegennahme des Schecks erloschen? Geschuldet war Geldzahlung. Diese ist nicht bewirkt worden (vgl. § 362 I BGB).

Der Scheck kann nur dann die Forderung des A zum Erlöschen bringen, wenn er an Erfüllungs Statt angenommen worden ist (§ 364 I BGB). Dies ist jedoch nach § 364 II BGB im Zweifel

---

[1] Vgl. dazu Brox, HandelsR u. WertpapierR, 3. Aufl. 1983, Rz. 660.

[2] Vgl. dazu BGHZ 64, 79 (81 f.); Zöllner, WertpapierR, 1982, § 26 IV; Meyer-Cording, WertpapierR, 1980, C IV 4.

dann nicht anzunehmen, wenn der Schuldner (hier B) zum Zwecke der Befriedigung des Gläubigers (hier A) eine neue Verbindlichkeit übernimmt, also etwa wie hier neue wertpapierrechtliche Verbindlichkeiten (aus Rückgriff) auf sich nimmt.
Die Entgegennahme eines Wechsels, eines Schecks oder eines sonstigen Papieres durch den Gläubiger stellt daher im allgemeinen keine Annahme an Erfüllungs Statt dar, sondern nur eine sog. Annahme erfüllungshalber, d.h. durch die Entgegennahme des Papieres erlischt die Forderung des Gläubigers (die Forderung des A aus § 611 I BGB) nicht. Er muß wohl zuerst versuchen, aus dem Papier Befriedigung zu erlangen. Gelingt dies nicht, kann er immer noch auf die ursprüngliche Forderung zurückgreifen.
Der Anspruch aus dem Dienstvertrag wäre vor dem Arbeitsgericht geltend zu machen (vgl. Lösung 41; s. aber auch § 46 II S. 2 ArbGG), der Rückgriffsanspruch gegen B aus dem Scheck vor dem ordentlichen Gericht, und zwar zweckmäßigerweise im sog. Scheckprozeß (§ 605 a i.V.m. §§ 602 ff. ZPO), der auf schnellste Abwicklung des Verfahrens ausgerichtet ist und dem A in kürzester Zeit einen vollstreckbaren Titel verschaffen kann.
Ein Schadensersatzanspruch des A aus § 823 II BGB i.V.m. Art. 3 ScheckG bzw. § 263 StGB (Scheckbetrug) oder aus § 826 BGB wäre zwar nicht ausgeschlossen, sofern B den Scheck ausgestellt und begeben hat, obwohl er wußte, daß Deckung nicht vorhanden war. Dann müßte dem A aber ein Schaden, der über das hinausgeht, was er im Wege des Rückgriffs oder aus dem Dienstvertrag verlangen kann, entstanden sein. Dafür ergibt sich kein Anhalt.

2. Scheckrechtliche Ansprüche des A gegen die C-Bank sind, wie in Fall 1 erläutert worden ist, ausgeschlossen.
Könnten aus der mündlichen Erklärung des Prokuristen bürgerlich-rechtliche Ansprüche des A gegen die C-Bank entstehen oder werden auch sie durch die Regelung des Art. 4 ScheckG ausgeschlossen? Um diese Frage beantworten zu können, muß man sich die Unterschiede zwischen der wertpapierrechtlichen und der anderen Regelung klar machen. Eine bloß mündliche Erklärung gegenüber A ist für einen Dritten, an den A den Scheck vielleicht weitergeben will, praktisch wertlos. Zwar könnte A die Ansprüche aus einer solchen Erklärung abtreten.

Da es dann aber keinen Schutz für den Erwerber gäbe, würde sich dieser auf solche Geschäfte kaum einlassen, sondern lieber selbst nochmals anfragen. Ein Scheckakzept hingegen würde jedem Erwerber eine sichere Rechtsposition verschaffen (vgl. z. B. Art. 17 WG und § 784 BGB). Da also durch mündliche Einlösungsversprechen die mit dem Akzeptverbot angestrebten Zwecke nicht beeinträchtigt werden können, sieht man solche mündlichen Einlösungszusagen ganz allgemein als möglich und gültig an. Wie man sie deutet, ist demgegenüber von untergeordneter Bedeutung. Es kommen 2 Möglichkeiten in Frage:

a) der formlos gültige, also auch telefonisch abzuschließende Garantievertrag (die Bank garantiert, daß die Schecksumme ausgezahlt wird);

b) das sog. abstrakte Schuldversprechen, durch das eine Leistung losgelöst vom Verpflichtungsgrund versprochen wird. Die in § 780 BGB hierfür vorgeschriebene Schriftform gilt nach § 350 HGB für die Bank nicht, da diese Kaufmann ist und das Versprechen im Rahmen ihrer Betätigung als Kaufmann abgegeben hat (§§ 343 I, 344 I HGB). Eine Erklärung des Prokuristen ist gemäß § 49 I HGB, § 164 I BGB für die Bank bindend. A kann also von der C-Bank die Einlösung des Schecks verlangen.

3. Eine Verweigerung der Arbeitsleistung nach § 320 BGB dürfte nicht in Frage kommen. Das Gehalt oder der Lohn werden wahrscheinlich nach der Leistung der Dienste gezahlt. A hat also seine Dienstleistung in dem Zeitabschnitt, für den er das Entgelt bekommt, bereits erbracht. Für den nächstfolgenden Abschnitt ist er hingegen vorleistungspflichtig (§§ 614 BGB und 64 HGB). Es greift jedoch § 273 I BGB ein. Danach kann A die geschuldete Leistung (seine Dienste) bis zur Bewirkung der Gegenleistung (des Entgeltes) durch B verweigern, wenn sein Anspruch auf die Gegenleistung fällig ist und auf demselben rechtlichen Verhältnis beruht wie seine eigene Verpflichtung zu weiteren Diensten. Da sowohl der Anspruch des B auf die Dienste als auch der fällige Anspruch des A auf das Entgelt Rechtsfolgen des Arbeitsvertrages sind, ist A zur Zurückbehaltung seiner Leistung, d. h. zur Verweigerung der weiteren Arbeit berechtigt. (Einzelheiten der Anwendung des § 273 auf Arbeitsverträge sind strittig.)

Lösung 41

1.

a) Hier interessiert nicht der im Außenverhältnis wirkende Widerruf der Bestellung zum Geschäftsführer. Dieser Widerruf ist zwar jederzeit möglich (§ 38 I GmbHG, s. auch § 46 Nr. 5 GmbHG), läßt aber „Entschädigungsansprüche aus bestehenden Verträgen" unberührt (§ 38 I). Die GmbH ist aber angesichts ihrer Lage gerade daran interessiert, von der Zahlungsverpflichtung loszukommen, d. h. sie will den (das Innenverhältnis GmbH – Geschäftsführer beherrschenden) Anstellungsvertrag kündigen.

Kündigungsfrist: § 622 I BGB (Der Geschäftsführer leistet Dienste höherer Art. Nicht anwendbar sind die §§ 59 ff. HGB, der Geschäftsführer ist Organ und nicht Handlungsgehilfe.) Das Ang.-KündigungsGes. v. 1926 findet auf Organe jur. Personen keine Anwendung.[1]

b) § 59 HGB, § 622 I BGB: der Prokurist ist (im Innenverhältnis) Handlungsgehilfe. Der im Außenverhältnis wirkende, jederzeit mögliche Widerruf der Prokura (§ 52 HGB) läßt den „Anspruch auf die vertragsmäßige Vergütung unberührt" und reicht daher allein nicht aus (s. oben). Beachte auch das Ang.-KündigungsGes. v. 1926.

2.

Der Betriebsrat ist gemäß § 102 I BetrVerfG vor jeder Kündigung anzuhören. Sonst ist die Kündigung unwirksam (§ 102 I S. 3 BetrVerfG).[2] Beachte aber:

zu a) Der Geschäftsführer (§ 35 I GmbHG) ist kein ArbNehmer, § 5 II Nr. 1 BetrVerfG.

zu b) Der Prokurist ist leitender Angestellter (§ 5 III Nr. 2), so daß seine Kündigung dem Betriebsrat lediglich mitzuteilen ist, § 105 BetrVerfG.

---

[1] BGHZ 12, 1 (8 ff.). Vgl. auch Raiser, Recht der KapGes, 1983, § 32 III 2 a; Lieb, ArbeitsR, 2. Aufl. 1982, § 1 I 4; Schmid, Grundz. d. ArbeitsR, 1981, § 1 I 3.

[2] Vgl. zur Beteiligung des Betriebsrates in personellen Angelegenheiten auch Zöllner, ArbeitsR, 3. Aufl. 1983, § 48; Söllner, Grundr. d. ArbeitsR, 8. Aufl. 1984, § 21 V und Löwisch-Löwisch, ArbeitsR, 2. Aufl. 1980, S. 43 ff.

3.

Die Gekündigten berufen sich auf das Kündigungsschutzgesetz (vgl. § 1 I, II und III S. 1. Frist für die Klage: §§ 4 und 6 KSchG; drei Wochen). Der Vorwurf, es lägen Verstöße gegen die soziale Auswahl vor, ist zu berücksichtigen, falls das Kündigungsschutzgesetz eingreift.

Der Betriebsrat hat das Recht bei allen ordentlichen Kündigungen die Zustimmung zur Entlassung aus bestimmten Gründen zu verweigern (§ 102 III BetrVerfG) mit der Folge, daß dann, wenn die gesetzlichen Widerspruchsgründe vorliegen, die Kündigung in einem anschließenden Kündigungsschutzverfahren als sozialwidrige Kündigung nach § 1 I KschG anzusehen ist (§ 1 II S. 2 KSchG). Der Betriebsrat kann nach § 102 III BetrVerfG die Zustimmung verweigern, wenn

a) soziale Gesichtspunkte nicht ausreichend berücksichtigt worden sind,

b) die Kündigung gegen eine Richtlinie nach § 95 BetrVerfG verstößt,

c) der zu kündigende ArbNehmer an einem anderen Arbeitsplatz in demselben Betrieb oder in einem anderen Betrieb des Unternehmens weiterbeschäftigt werden kann,

d) die Weiterbeschäftigung des Arbeitnehmers nach zumutbaren Umschulungs- oder Fortbildungsmaßnahmen möglich ist oder

e) eine Weiterbeschäftigung des ArbNehmers unter geänderten Vertragsbedingungen möglich ist und der ArbNehmer sein Einverständnis hiermit erklärt hat. Nach § 102 V BetrVerfG muß der ArbNehmer, wenn er die Kündigungsschutzklage erhoben und der Betriebsrat der Kündigung widersprochen hat, vom ArbGeber bis zur endgültigen Entscheidung weiterbeschäftigt werden, sofern er dies verlangt.

Der Geschäftsführer kann sich nicht auf das KSchG berufen (§ 14 I Nr. 1 KSchG), wohl aber der Prokurist (§ 14 II).

4.

Für privatrechtliche Streitigkeiten zwischen Arbeitnehmern (auch solchen in leitender Stellung) und Arbeitgebern sind gemäß § 2 I Nr. 2 ArbGG die Arbeitsgerichte zuständig.

Der Prokurist ist zwar zur Vertretung der GmbH im Rahmen

seiner Prokura berechtigt, als gewillkürter Vertreter fällt er aber nicht unter § 5 I S. 3 ArbGG. Wenn es um die Zuständigkeit des Arbeitsgerichtes geht, wird der Prokurist als Arbeitnehmer behandelt, obwohl er nach § 22 II Nr. 2 ArbGG Arbeitgeberbeisitzer sein kann.
Der Geschäftsführer als Organ der juristischen Person GmbH gilt jedoch nicht als ArbNehmer (§ 5 I S. 3 ArbGG), er müßte sich also an das ordentliche Gericht wenden (§ 13 GVG, vgl. auch § 3 II ArbGG: Zuständigkeit des Arbeitsgerichts durch Vereinbarung der Parteien).

Beachte: *Die einzelnen Gesetze umgrenzen den Kreis der betroffenen Arbeitnehmer durchaus verschieden. Dies ist durch den jeweils von dem betreffenden Gesetz angestrebten Zweck bedingt: Das Betriebsverfassungsgesetz (das sich mit der Vertretung der Belegschaft gegenüber dem Betriebsinhaber und mit der Mitbestimmung befaßt) schließt gewisse leitende Angestellte aus, da sie eines solchen Schutzes nicht bedürftig erscheinen und mehr zur Arbeitgebersphäre als zur Belegschaft gezählt werden. Das Kündigungsschutzgesetz (das den einzelnen Arbeitnehmer vor ungerechtfertigten Kündigungen schützen will) sowie das Arbeitsgerichtsgesetz, das für arbeitsrechtliche Streitigkeiten die Zuständigkeit besonders besetzter Gerichte (Beisitzer aus Arbeitnehmer- und Arbeitgeberkreisen) anordnet und ein besonderes Verfahren für solche Prozesse vorsieht, beziehen diesen Personenkreis jedoch – mit Ausnahme derer, die eine jur. Person oder eine Personengesamtheit (z. B. eine oHG) vertreten – mit in ihren Bereich ein. Darüber, ob die vom Gesetz vorgenommene Abgrenzung wirklich immer befriedigt, läßt sich natürlich streiten.*

Lösung 42[1]

1. Der Arbeitnehmer schuldet die vertraglich vereinbarten Dienste (§ 611 I BGB). Die nähere Konkretisierung erfolgt auf Grund des Direktions- oder Weisungsrechtes des Arbeitgebers. Danach muß der Arbeitnehmer ganz allgemein diejenigen Arbeiten verrichten, die Arbeitnehmern der gleichen Art nach der Verkehrssitte und den Betriebsverhältnissen zugemutet werden

---

[1] Vgl. das Urteil des LAG Bremen vom 20. 9. 1950 in AP 1952 Nr. 110.

können. Grenzen des Direktionsrechtes ergeben sich also, abgesehen von der einzelvertraglichen Vereinbarung, aus der Übung im Betrieb sowie den allgemeinen Gepflogenheiten.[1] H schuldet prinzipiell also nur Dienste als Maschinenschlosser.
Eine Erweiterung der Arbeitspflicht eines Arbeitnehmers ist jedoch in Fällen des betrieblichen Notstandes zu bejahen und zwar aus dem Gesichtspunkt der Treuepflicht.[2] Da im vorliegenden Fall die Arbeiten dringlich und andere Arbeitskräfte nicht zu erhalten sind, liegt ein betrieblicher Notstand vor. H muß der Anordnung des F Folge leisten, zumal für ihn gerade nicht genügend sonstige Arbeit vorhanden ist.

2. H hat aus seinem Arbeitsvertrag Anspruch auf den Lohn als Maschinenschlosser. Wenn ein Arbeitnehmer wegen betrieblichen Notstandes auf einseitige Anordnung des Arbeitgebers andersartige, sonst schlechter bezahlte Arbeit leistet, darf er dadurch keine Lohnminderung erfahren. F muß dem H also den für vertragsmäßige Arbeit geschuldeten Lohn bezahlen.
Selbst wenn H über die normale Arbeitszeit hinaus mit Notstandsarbeiten beschäftigt worden ist, so liegt diese nach den normalen Dienststunden verrichtete Arbeit nicht außerhalb des abgeschlossenen Arbeitsvertrages, sie wird vielmehr gerade auch auf Grund dieses Vertrages geleistet. Daher ist H auch für diese Tätigkeit der ihm als Maschinenschlosser zustehende Lohn einschließlich einer etwaigen Überstundenvergütung zu zahlen.

3. Hier besteht kein unmittelbarer Zusammenhang zwischen der außerhalb der Dienstzeit verrichteten Arbeit mit den auf Grund des Vertrages geschuldeten Diensten, vielmehr ist ein neuer, selbständiger Arbeitsvertrag geschlossen worden. F hätte genau so gut einen Betriebsfremden fragen können, ob er in seiner dienstfreien Zeit etwas verdienen wolle. Daß er einen bei ihm beschäftigten Arbeitnehmer gefragt hat, begründet nur einen äußeren Zusammenhang mit dem bereits bestehenden Arbeitsvertrag. F schuldet also nicht für diese Arbeit den Lohn, den er

---

[1] Vgl. zum Weisungsrecht z. B. Söllner, Grundr. d. ArbeitsR, 8. Aufl. 1984, § 29 I und Zöllner, ArbeitsR, 3. Aufl. 1983, § 12 III und § 6 I 8.
[2] Vgl. dazu Zöllner, ArbeitsR, 3. Aufl. 1983, § 13 III; zurückhaltend Brox, Grundbegriffe d. ArbeitsR, 6. Aufl. 1983, Rz. 87.

dem H bei der Einstellung als Maschinenschlosser versprochen hat. Die Parteien müssen sich vielmehr, da ein neuer Vertragsabschluß vorliegt, auch darüber einigen, wie diese zusätzliche, außerhalb der Dienstzeit zu verrichtende, neue Tätigkeit zu entlohnen ist. Wird in einem solchen Fall keine Lohnvereinbarung getroffen, greift § 612 II BGB ein. Danach wird die übliche Entlohnung geschuldet. Einen Anhaltspunkt dafür, was für solche Arbeit üblicherweise gezahlt wird, findet man in den einschlägigen Tarifverträgen oder auch in der allgemeinen Übung, falls Tarifverträge nicht vorliegen. H wird also in diesem Fall lediglich den Lohn eines ungelernten Arbeiters bekommen. Das ist nicht unbillig. Er hat diese Arbeit freiwillig übernommen und hätte auf einer klaren Lohnabrede bestehen müssen oder ablehnen können, wenn ihm der gebotene Lohn nicht ausreichend erschien. In den Fällen 1 und 2 hingegen ist der ursprüngliche Arbeitsvertrag die Grundlage der Entlohnung. Das dort vereinbarte Entgelt ist durch die Anweisung des F nicht geändert worden.

Lösung 43

1. Nach der Vereinbarung mit B erhält A das Ruhegeld nur, wenn er bis zu seinem 65. Lebensjahr im Betrieb des B arbeitet, also unter einer Bedingung. Da das Versprechen des B[1] erst wirksam werden soll, wenn die Bedingung eintritt, handelt es sich um eine aufschiebende Bedingung, § 158 I BGB.
Der Anspruch des A entsteht also erst mit Eintritt der Bedingung. (Bis dahin hat A lediglich ein sog. Anwartschaftsrecht.) Da A den Arbeitsvertrag kurz danach kündigt, kann die Bedingung nicht mehr eintreten und folglich der Anspruch auf Ruhegeld nicht mehr entstehen. (Die Anwartschaft erlischt.)

---

[1] Hierfür ist keine besondere Form erforderlich, vgl. BAG NJW 1959, 1746. Es handelt sich weder um eine Schenkung (§ 518 BGB) noch um eine Leibrente (§ 761 BGB), sondern um eine Ruhegeldzusage. Die Gewährung einer solchen betrieblichen Sozialleistung bildet ein Element des Arbeitsentgelts im weiteren Sinn, das zugleich Versorgungscharakter aufweist. Vgl. dazu BGH DB 1984, 497; MünchKomm-Söllner, § 611 Rz. 451; Zöllner, ArbeitsR, 3. Aufl. 1983, § 26 II 3; Söllner, Grundr. d. ArbeitsR, 8. Aufl. 1984, § 31 II; Lieb, ArbeitsR, 2. Aufl. 1982, § 3 V 1 b und Schmid, Grundz. d. ArbeitsR, 1981, § 6 I 1. Zur Beachtung des Gleichbehandlungsgrundsatzes bei der betrieblichen Altersversorgung vgl. BAG NJW 1982, 2013 ff.

Beachte: *Nach dem Gesetz zur Verbesserung der betrieblichen Altersversorgung (BGBl. 1974 I S. 3610) behält der Arbeitnehmer bei Beendigung des Arbeitsverhältnisses seine Anwartschaft aus der betrieblichen Altersversorgung, wenn er zu diesem Zeitpunkt mindestens das 35. Lebensjahr vollendet und entweder die Versorgungszusage für ihn mindestens 10 Jahre bestanden hat oder der Beginn seiner Betriebszugehörigkeit mindestens 12 Jahre zurückliegt und die Versorgungszusage mindestens 3 Jahre bestanden hat (§ 1 aaO). Die Anwartschaft ist dann also unverfallbar.*

2.
a) Das Ruhegeldversprechen schließt eine Kündigung des Arbeitsvertrages durch B nicht aus. Eine Kündigung nach § 622 I BGB ist daher im Rahmen des § 1 KSchG möglich: A ist länger als sechs Monate angestellt. Arbeitsmangel ist ein dringendes betriebliches Erfordernis, das einer Weiterbeschäftigung entgegensteht (§ 1 II KSchG). Die Kündigung ist also nicht sozial ungerechtfertigt, sofern der Arbeitgeber bei der Auswahl der zu Kündigenden soziale Gesichtspunkte ausreichend berücksichtigt hat, § 1 III KSchG. Sie ist dann wirksam.
b) Kann A Ruhegeld verlangen? Die vereinbarte Bedingung ist nicht eingetreten. Durch die Kündigung erlischt die noch nicht unverfallbare Anwartschaft. A hat also keinen Anspruch auf Ruhegeld.

3. a) Die Tatsache, daß B das zugesagte Ruhegeld reut, ist kein Grund, der nach § 1 II KSchG eine Kündigung rechtfertigen würde. Entweder nimmt B auf Einspruch des A beim Betriebsrat die Kündigung zurück, § 3 KSchG, oder das Arbeitsgericht stellt auf eine Klage des A fest, daß das Arbeitsverhältnis durch die Kündigung nicht aufgelöst ist, § 4 KSchG. Bis zur Entscheidung des Arbeitsgerichtes bleibt A unter den Voraussetzungen des § 102 III, V BetrVerfG weiter beschäftigt.
b) Da das Arbeitsverhältnis bestehen bleibt, wird die Anwartschaft unverfallbar.
Bei Arbeitnehmern, die nicht unter das KSchG fallen (§§ 14 I und 22), wäre der Fall wie folgt zu lösen:
Es liegt nahe, die Kündigung des B als sittenwidrig und damit nichtig (§ 138 BGB) zu betrachten, so daß sie das Arbeitsverhältnis nicht beendet. Schließt man sich dem nicht an, gilt jedenfalls

folgendes: B hat durch seine Kündigung wider Treu und Glauben den Eintritt der Bedingung verhindert. Diese gilt dann doch als eingetreten, § 162 I BGB. A behält die Anwartschaft.

4. Hier geht es nicht um die Frage, ob ein Arbeitsvertrag gekündigt werden kann und ob dadurch die Anwartschaft auf das Ruhegeld erlischt. Der Anspruch auf den Ruhelohn ist vielmehr bereits entstanden. Es fragt sich nun, ob B von dem Versprechen loskommen kann.
a) Dem Empfänger von Ruhegeld obliegt eine Treuepflicht gegenüber dem zahlenden (früheren) Arbeitgeber. Sie ist zwar schwächer als die der tätigen Arbeitnehmer. Dennoch verstößt A grob gegen diese Pflicht, wenn er B durch das Ausplaudern von Geschäftsgeheimnissen schädigt. B kann daher gemäß § 242 BGB seine Zahlungen einstellen.
b) Die Treuepflicht des Empfängers von Ruhegeld umfaßt auch die Duldung einer Kürzung der Bezüge, wenn und soweit der Bestand des Unternehmens durch wirtschaftliche Schwierigkeiten gefährdet ist. Der Anspruch des A geht aber nicht unter. B kann nur die Zahlungen vorübergehend kürzen oder einstellen. Letzten Endes liegt es auch im wohlverstandenen Interesse des A selbst, wenn er eine vorübergehende Kürzung hinnimmt. Dies ist für ihn besser, als wenn das Unternehmen zusammenbricht, was den völligen Wegfall der Leistungen zur Folge haben könnte.[1]

Beachte: *Zur Anpassung der betrieblichen Altersrenten vgl. § 16 des Gesetzes zur Verbesserung der betrieblichen Altersversorgung.*

Lösung 44

Wiederhole *zuerst: Was versteht man unter einem „Betrieb", was unter einem „Unternehmen"?*[2] *Beachte, daß die juristischen Begriffe sich nicht mit denen der Wirtschaftswissenschaften decken!*

1.
a) Betriebsräte:
Gemäß § 1 BetrVerfG sind in allen Betrieben mit in der Regel 5

---

[1] Vgl. BAG NJW 1982, 1829 f.
[2] Vgl. dazu etwa Zöllner, ArbeitsR, 3. Aufl. 1983, § 44 II.

ständigen, wahlberechtigten Arbeitnehmern, von denen 3 wählbar sind, Betriebsräte zu bilden. Wieviel Betriebsräte sind im vorliegenden Fall zu wählen? Das hängt davon ab, wieviele Betriebe existieren. Nebenbetriebe und Betriebsteile können unter bestimmten Voraussetzungen als selbständige Betriebe gelten, § 4 BetrVerfG.

Bei der Entscheidung ist der Sinn des Gesetzes zu beachten. Das Gesetz will alle an dem Produktionsprozeß beteiligten Arbeitnehmer zusammenfassen, obwohl die Produktion in der Praxis meist räumlich, zeitlich und organisatorisch zerlegt wird (Personalbüro, verschiedene Fertigungsabteilungen, Versandabteilung usw.). Das Gesetz wünscht auch keine Sondervertretung für jede Gruppe von ArbNehmern (obwohl natürlich Interessengegensätze zwischen den einzelnen Gruppen auftreten können). Die in einem Werk tätigen kaufmännischen und technischen Angestellten sowie die Arbeiter, gelernte und ungelernte, wählen, auch wenn sie in verschiedenen Abteilungen, Gebäuden, Gebäudeteilen getrennt von den anderen Gruppen arbeiten, grundsätzlich einen Betriebsrat, der die gesamte Werksbelegschaft vertritt. Daß beispielsweise die Angestellten eine andere Arbeitszeit haben als die etwa im Dreischichtbetrieb arbeitenden Arbeiter u. ä. Unterschiede spielen also keine Rolle. Wenn jedoch die Arbeit so organisiert ist, daß *ein* Betriebsrat die Interessen der gesamten Belegschaft nicht vernünftig wahrnehmen kann, müssen mehrere Betriebsräte gewählt werden. Das ist etwa der Fall bei großer räumlicher Entfernung mehrerer Werke. Dann muß man das Vorhandensein mehrerer Betriebe bejahen. Ebenso liegt es, wenn einzelne Werke eines Unternehmens trotz räumlicher Nähe doch so verselbständigt sind, daß die Interessen ihrer Belegschaften eine gesonderte Vertretung unbedingt fordern, etwa weil Interessenkollisionen zwischen den einzelnen Werksbelegschaften infolge der relativen Verselbständigung häufiger sind als gleichgelagerte Interessen. Indizien für mehrere Betriebe sind etwa: wesentliche Unterschiede in den Arbeitseinrichtungen, ein jeweils eigener Stamm an Arbeitnehmern, der einen beliebigen Wechsel zwischen den verschiedenen Werken ausschließt, gesonderte Einstellung und Entlassung jeweils im einzelnen Werk, eigene Arbeitszeit, eigener Urlaubsplan, eigene soziale Einrichtungen usw., darüber hinaus ganz allgemein die

Dezentralisierung der der Mitbestimmung unterliegenden Angelegenheiten auf die einzelnen Werke, da dann jede Belegschaft ihre eigenen sozialen Probleme hat. (Die gleichen Grundsätze gelten gem. § 4 BetrVerfG bei der Prüfung der Frage, ob Nebenbetriebe und Betriebsteile – ausnahmsweise – als selbständige Betriebe anzusehen sind.[1])
Auf dieser Grundlage wird man entscheiden können.

I. Die Belegschaft der 150 km entfernten Werkzeugfabrik benötigt schon wegen der räumlichen Entfernung einen eigenen Betriebsrat, da sonst der unmittelbare Kontakt zwischen Belegschaft und Betriebsrat verloren gehen könnte. Diese Fabrik ist auch durch ihren gesonderten Aufgabenbereich und ihre Organisation (wahrscheinlich gesonderte Einstellungen und Entlassungen am Ort, keine oder nur seltene Versetzungen zur Zentrale oder umgekehrt usw.) als selbständiger Betrieb anzusehen.

II. Die Versandzentrale in dem Vorort ist bei den heutigen Verkehrsverhältnissen nicht so weit von den übrigen 3 Komplexen entfernt, daß wegen der räumlichen Entfernung ein besonderer Betriebsrat gebildet werden müßte. Ein im Stadtzentrum tätiger Betriebsrat (dem auch Mitglieder aus der Versandzentrale angehören können), vermag sich vielmehr auch noch mit den Angelegenheiten dieser im Vorort liegenden Abteilung aus eigener Anschauung zu befassen. Die Abteilung wird auch organisatorisch nicht so verselbständigt sein, daß deshalb ein gesonderter Betriebsrat gewählt werden müßte. (Einstellungen und Entlassungen erfolgen wohl von der Zentrale aus, Versetzungen, insbesondere solche ungelernter Kräfte, aus der Zentrale zur Versandabteilung und umgekehrt können vorgenommen werden.) Die Versandabteilung ist also nicht als selbständiger Betrieb anzusehen.

III. Die gleichen Grundsätze gelten für die im Zentrum befindlichen 3 Komplexe. Daß sie auf verschiedenen, aber benachbarten Grundstücken untergebracht sind, kann *allein* nicht dazu führen, sie als drei Betriebe anzusehen, sonst müßte man ja wohl auch von mehreren Betrieben sprechen, wenn Teile eines Wer-

---

[1] Vgl. dazu Zöllner, ArbeitsR, 3. Aufl. 1983, § 45 I 3.

kes in verschiedenen Gebäuden auf einem Grundstück oder gar in verschiedenen Stockwerken eines Gebäudes usw. untergebracht sind. Entscheidend ist vielmehr, daß sich die Herstellung von Fahrrädern und die von Motorrollern eng berühren und daß die Verwaltung wiederum durch ihre Tätigkeit mit der Arbeit in diesen beiden Abteilungen verbunden ist. Die organisatorische Eigenständigkeit der einzelnen Komplexe geht daher sicher nicht soweit, daß 3 Betriebsräte gewählt werden müßten. (Wahrscheinlich sind gemeinsame soziale Einrichtungen wie Kantine, Werksbibliothek usw. vorhanden, „Versetzungen" von einer Abteilung in die andere werden häufig sein usw.) Es sind also 2 Betriebsräte, einer mit dem Sitz in X, ein weiterer in Y, zu wählen.

b) Für das ganze Unternehmen ist daneben gemäß § 47 BetrVerfG ein Gesamtbetriebsrat zu bilden (Zuständigkeit s. § 50 BetrVerfG).

c) Gemäß § 106 I BetrVerfG (mehr als 100 ArbNehmer) ist ein Wirtschaftsausschuß für das Unternehmen zu bilden. Zuständigkeit s. § 106 II und III BetrVerfG.

d) Gemäß § 77 I BetrVerfG 52, der gemäß § 129 I BetrVerfG 72 weiter gilt, ist ein Aufsichtsrat (bei mehr als 500 ArbNehmern) mit einem Drittel Arbeitnehmervertretern (§§ 77 I, 76 I BetrVerfG 52) zu bilden. Der Aufsichtsrat als solcher nimmt natürlich keine Arbeitnehmerinteressen wahr, wohl aber die Arbeitnehmervertreter in ihm. (Bis zu einer Neuregelung des Unternehmensverfassungsrechts bleiben die Bestimmungen des BetrVerfG 1952 in Kraft.)[1]

2. a) aa) Mitwirkung des *Betriebsrates:* Anhörung bei Kündigungen (§§ 92, 102 I BetrVerfG), rechtzeitige und umfassende Unterrichtung durch den ArbGeber über Angelegenheiten, die wesentliche Nachteile für erhebliche Teile der Belegschaft zur Folge haben können (§ 111 BetrVerfG, vgl. auch § 95 BetrVerfG). In erster Linie sind die beiden örtlichen Betriebsräte zuständig, der gebildete Gesamtbetriebsrat nach § 50 I, II Betr-

[1] Zur Wahl und Zusammensetzung des Aufsichtsrats sowie zur Bestellung des Arbeitsdirektors vgl. das Mitbestimmungsgesetz v. 1976 (BGBl. I, S. 1153) sowie das sog. Montan-Mitbestimmungsgesetz v. 1951 (BGBl. I, S. 347); vgl. hierzu unten S. 154 f.

VerfG dann, wenn die Angelegenheit nicht durch die einzelnen Betriebsräte geregelt werden kann oder wenn der Betriebsrat den Gesamtbetriebsrat beauftragt hat.

bb) Unterrichtung des Wirtschaftsausschusses über die Lage des Unternehmens nach § 106 III BetrVerfG.

cc) Überwachung der Geschäftsführer durch den Aufsichtsrat nach § 77 I BetrVerfG 52, § 111 I AktG in Verb. mit § 129 BetrVerfG 72.

b) aa) Mitbestimmung des örtlich zuständigen Betriebsrates bei Betriebsänderungen (§ 111 BetrVerfG 72) einschließlich der Verlegung von Betrieben und wesentlichen Betriebsteilen (§ 111 S. 2 Nr. 2 BetrVerfG), die wesentliche Nachteile für erhebliche Teile der Belegschaft mit sich bringen kann, wie z. B. Notwendigkeit eines Umzuges oder verlängerter Anmarschweg, Fahrtkosten usw. Über diese Betriebsänderung ist ein Interessenausgleich herbeizuführen (§ 112 BetrVerfG).

bb) Unterrichtung des Wirtschaftsausschusses gemäß § 106 II, III Nr. 7 BetrVerfG.

cc) Überwachung der Geschäftsführer durch den Aufsichtsrat (wie oben).

c) aa) Keine Mitbestimmung des Betriebsrates (keine Stillegung und auch keine Änderung des Betriebszweckes; dieser soll vielmehr erhalten bleiben, die Betriebe aber sollen in andere Hände übergehen). Im übrigen tritt nach § 613 a BGB der neue Inhaber in die bestehenden Arbeitsverhältnisse ein.

bb) Wohl aber muß der Wirtschaftsausschuß gemäß § 106 III Nr. 10 BetrVerfG unterrichtet werden.

cc) Keine Überwachung durch den Aufsichtsrat, da es sich nicht um eine Maßnahme der Geschäftsführung handelt. Der Verkauf der gesamten Fabriken bedeutet eine Änderung des Unternehmensgegenstandes, diese setzt einen satzungsändernden Beschluß der Gesellschafter voraus (§§ 3, 53 GmbHG). Die Beschlüsse der Gesellschafter aber unterliegen nicht der Überwachung durch den Aufsichtsrat.

Beachte: *Die Gesetze knüpfen je nach der Art des zu regelnden Problems an den Betrieb oder an das Unternehmen an. Die Mitbestimmung wird im allgemeinen im Betriebsbereich verwirklicht, also vom Betriebsrat wahrgenommen, da sie größtenteils Maßnah-*

men betrifft, die sich nur auf die in einem Betrieb zusammengefaßten Arbeitnehmer auswirken (§§ 87ff. und 90ff. BetrVerfG, konsequente Ausnahme für den Gesamtbetriebsrat § 50 BetrVerfG). Bei der Mitbestimmung in wirtschaftlichen Angelegenheiten hingegen greift das Gesetz mit Recht auf das Unternehmen zurück (§ 106; der Betriebsrat wird nach § 111 BetrVerfG eingeschaltet, wenn die Interessen der Betriebsbelegschaften berührt werden).

Vgl. weiter: *Die Gesetze verwenden den Betriebsbegriff, wenn sie Fragen regeln, die mit der Produktion selbst zusammenhängen, also z.B. das Arbeitsschutzrecht (vgl. z.B. §§ 1, 4 II Arbeitszeitordnung). Wenn dagegen wirtschaftliche Fragen geregelt werden, z.B. die Schuldenhaftung, verwendet man den Begriff Unternehmen (z.B. §§ 22, 25 HGB. Handelsgeschäft = Unternehmen). Die Gesetze formulieren freilich nicht immer ganz korrekt.*

Lösung 45

1.

Beginn und Ende der täglichen Arbeitszeit gehören zu den sozialen Angelegenheiten, in denen der BR mitzubestimmen hat (§ 87 I Nr. 2 BetrVerfG).[1] Dem ArbGeber sind also einseitige Maßnahmen untersagt, er muß sich vielmehr mit dem BR einigen. Gelingt eine Einigung nicht, so entscheidet die Einigungsstelle (§ 87 II BetrVerfG). Die Einigungsstelle ersetzt die Einigung zwischen ArbGeber und BR (§ 87 II BetrVerfG), das heißt sie entscheidet verbindlich. Über das Verfahren vgl. insbes. § 76 V BetrVerfG.

Beachte: *Im § 87 des BetrVerfG wird die Entscheidungsfreiheit des Betriebsinhabers im echten Sinn eingeschränkt, da er sich mit dem BR einigen muß oder die Einigung durch den verbindlichen Spruch einer dritten Instanz ersetzt wird. Einseitige Maßnahmen des Betriebsinhabers sind jedenfalls ausgeschlossen.*[2]

2.

Bei der Einstellung des Arbeiters hat der BR mitzuwirken und

[1] Vgl. dazu BAG NJW 1983, 953ff.

[2] Vgl. auch zur Mitbestimmung in sozialen Angelegenheiten nach § 87 BetrVerfG BAG BB 1984, 850ff. (Datensichtgeräte); LAG Frankfurt DB 1984, 459ff. (Personalinformationssysteme) und v. Hoyningen-Huene, JuS 1983, 785ff.

mitzubestimmen, wenn der Betrieb in der Regel mehr als 20 wahlberechtigte ArbNehmer hat (§ 99 I BetrVerfG). Der ArbGeber hat den BR über die geplante Einstellung (oder Umgruppierung, Eingruppierung oder Versetzung) zu unterrichten und ihm die erforderlichen Bewerbungsunterlagen vorzulegen, sowie Auskunft über die Person der Beteiligten zu geben. Der ArbGeber hat zu dieser Maßnahme die Zustimmung des BR einzuholen; die Gründe, die zu einer Verweigerung der Zustimmung berechtigen, sind in § 99 II aufgezählt. Der BR kann innerhalb einer Woche dem ArbGeber mitteilen, daß er die Zustimmung zur Einstellung verweigert (§ 99 III BetrVerfG). Wenn keine Verständigung zwischen ArbGeber und BR erfolgt oder dieser sich noch nicht geäußert hat, dann ist der ArbGeber zur vorläufigen Einstellung berechtigt (§ 100 I und II BetrVerfG), sofern die Einstellung aus sachlichen Gründen dringend erforderlich ist (also nicht schlechthin!). Der ArbGeber kann beim ArbG beantragen, die Zustimmung des BR zu ersetzen. Entscheidet das ArbG gegen den ArbGeber, so endet die vorläufige personelle Maßnahme mit Ablauf von zwei Wochen nach Rechtskraft der Entscheidung (§ 100 III BetrVerfG).

Beachte: *Der BR hat bei Einstellungen ein echtes Mitbestimmungsrecht. Er kann aber nicht nach freiem Ermessen Einspruch gegen eine geplante personelle Einzelmaßnahme erheben, sondern nur wegen bestimmter im Gesetz aufgezählter Gründe. Nicht der BR (so aber die frühere Regelung), sondern der ArbGeber muß die Initiative ergreifen und sich an das Gericht wenden, wenn er mit der Verweigerung der Zustimmung durch den BR nicht einverstanden ist.*[1]

3.

a) Der BR ist vor jeder Kündigung, auch vor der Kündigung eines Angestellten, zu hören (§ 102 I in Verb. mit §§ 6 II und 5 I BetrVerfG). Der BR hat ein Widerspruchsrecht gegen die ordentliche Kündigung unter den Voraussetzungen des § 102 III BetrVerfG, verhindern kann er die Entlassung nicht. Der Angestellte aber kann die Kündigungsschutzklage erheben (§ 1 KSchG) mit der Folge, daß dann, wenn die gesetzlichen Wider-

---

[1] Vgl. dazu Hanau-Adomeit, ArbeitsR, 7. Aufl. 1983, D III 5. a.

spruchsgründe vorliegen, die Kündigung als sozialwidrig im Sinne des KSchG anzusehen ist.

b) Der BR muß vor jeder Kündigung gehört werden, also auch bei der außerordentlichen (s. § 102 II). Nach dem neuen BetrVerfG ist jede ohne Anhörung des BR durchgeführte Kündigung unwirksam (§ 102 I BetrVerfG).

4.

Über Änderungen des Produktionsprogrammes hat der ArbGeber den Wirtschaftsausschuß zu unterrichten (§ 106 III Nr. 3 BetrVerfG). Ein solcher wird jedoch nur in Unternehmen mit mehr als 100 ständigen ArbNehmern gebildet, die Fabrik des A besitzt also keinen. In Unternehmungen mit 20–100 ArbNehmern hat der Unternehmer nach Abstimmung mit dem BR mindestens einmal im Vierteljahr die Belegschaft „über die wirtschaftliche Lage und Entwicklung des Unternehmens zu unterrichten" (§ 110 I, II BetrVerfG). Eine grundlegende Änderung des Produktionsprogrammes wird mit in den Bericht aufzunehmen sein (vgl. § 106 III Nr. 3 BetrVerfG). Insoweit hat der BR also ein Informationsrecht. Ein Mitbestimmungsrecht hat er jedoch nicht. A kann das Produktionsprogramm einseitig ändern. Dafür, daß die Voraussetzungen des § 111 S. 2 Nr. 4 oder 5 BetrVerfG vorliegen, ergeben sich keine Anhaltspunkte.

5.

Bei geplanten Betriebsänderungen, die wesentliche Nachteile für die Belegschaft oder erhebliche Teile der Belegschaft zur Folge haben können,[1] hat der BR ein Mitbestimmungsrecht, sofern der Betrieb regelmäßig mehr als 20 wahlberechtigte ArbNehmer umfaßt. Als eine für die Belegschaft nachteilige Betriebsänderung im o. a. Sinn gilt auch die Stillegung des ganzen Betriebes (§ 111 S. 2 Nr. 1 BetrVerfG). A muß sich daher mit dem BR sowohl über einen Interessenausgleich bezüglich der geplanten Änderung wie auch über den Ausgleich oder die Milderung wirtschaftlicher Nachteile für die Arbeitnehmer (Sozialplan) einigen (§ 112 I BetrVerfG). Kommt eine Einigung nicht zustande, kann der Präsident des Landesarbeitsamtes um Ver-

[1] Vgl. dazu auch BAG NJW 1983, 2838 ff. (Einf. von Bildschirmgeräten); Zöllner, ArbeitsR, 3. Aufl. 1983, § 49 II 1; Hanau-Adomeit, ArbeitsR, 7. Aufl. 1983, D III 6.

mittlung ersucht werden. Unterbleibt dies oder hat der Vermittlungsversuch keinen Erfolg, kann die Einigungsstelle angerufen werden (§ 112 II S. 2 BetrVerfG). Diese versucht eine Einigung der Parteien über den „Interessenausgleich" *und* den „Sozialplan" (§ 112 III BetrVerfG). Gelingt dies nicht, so entscheidet sie (*nur*) über den Sozialplan und ersetzt insoweit die Einigung. Weicht der Unternehmer ohne zwingenden Grund von einem „Interessenausgleich" ab und ergibt sich daraus die Notwendigkeit von Kündigungen, können die betroffenen ArbNehmer beim ArbGericht eine Klage auf Abfindung erheben (§ 113 BetrVerfG).

Beachte: *Neben dieser Beteiligung des BR oder Wirtschaftsausschusses in sozialen, personellen und wirtschaftlichen Fragen sind den Vertretern der Arbeitnehmerschaft noch weitere Beteiligungsrechte eingeräumt: Nach § 1 MitbestG 1976 haben Arbeitnehmer (§ 3 MitbestG 1976) eines Unternehmens, welches in der Rechtsform einer Aktiengesellschaft, einer Kommanditgesellschaft auf Aktien, einer Gesellschaft mit beschränkter Haftung, einer bergrechtlichen Gewerkschaft oder einer Erwerbs- und Wirtschaftsgenossenschaft betrieben wird, idR mehr als 2000 Arbeitnehmer hat und nicht dem Montan-MitbestG oder dem Mitbestimmungsergänzungsgesetz unterliegt, vgl. § 1 II MitbestG 1976, ein Mitbestimmungsrecht nach dem MitbestG 1976. Dieses Recht üben die Arbeitnehmer unter der Voraussetzung des § 7 MitbestG 1976 durch hälftige Besetzung des Aufsichtsrates aus (vgl. auch § 96 AktG). Außerdem ist gemäß § 33 MitbestG 1976 in dem zur gesetzlichen Vertretung des Unternehmens befugten Organ, das ist z. B. bei der Aktiengesellschaft der Vorstand, ein Arbeitsdirektor vorhanden. (Diese Regelung gilt allerdings nicht für die Kommanditgesellschaft auf Aktien.) Nicht anwendbar ist das MitbestG 1976 auf Unternehmen, deren Zielsetzung nicht auf wirtschaftliche, sondern auf konfessionelle, politische o. ä. Betätigung gerichtet ist, § 1 IV MitbestG 1976.*[1] *Für Arbeitnehmer sonstiger Unternehmen bleiben die Vorschriften der §§ 76, 77 BetrVerfG 1952 i. V. m. § 129 BetrVerfG 1972 bestehen, vgl. § 1 III MitbestG 1976, wonach in den Aufsichtsrat ein Drittel Arbeitnehmervertreter zu entsenden sind.*

---

[1] Vgl. zu den Ausnahmeregelungen für sog. Tendenzbetriebe in der betrieblichen Mitbestimmung (§ 118 BetrVerfG) Lieb, ArbeitsR, 2. Aufl. 1982, § 8 II 2 und Hanau-Adomeit, ArbeitsR, 7. Aufl. 1983, D III 7.

Nach dem Mitbestimmungsgesetz für den Bergbau sowie die Eisen- und Stahlindustrie v. 1951 (Montan-MitbestG) sind in den Aufsichtsräten der Aktiengesellschaften, GmbH und bergrechtlichen Gewerkschaften ebenso viel Vertreter der Arbeitnehmerschaft wie Vertreter der Anteilseigner; (zum sog. 11. Mann vgl. § 4 Montan-MitbestG). Außerdem ist im Vorstand bzw. in dem gleichgestellten Organ ein Arbeitsdirektor vorhanden, der als Vertrauensmann der Arbeitnehmervertreter gilt (vgl. § 13 Montan-MitbestG).
Nach diesen Vorschriften werden die Arbeitnehmervertreter also in die Willensbildung der Gesellschaft, die sich in den Vorständen und Aufsichtsräten o. ä. vollzieht, mit eingeschaltet. Bei der Mitbestimmung und Mitwirkung durch den BR hingegen faßt der Unternehmer seinen Willensentschluß allein und muß dann den BR anhören oder sich sogar mit ihm einigen. Hier stehen sich also der Wille des Unternehmers und der des BR gegenüber, während bei der Beteiligung in den Organen der juristischen Personen die Vertreter der Anteilseigner und die Arbeitnehmervertreter bei der Beratung und Abstimmung zusammen den Willen der juristischen Personen formen.[1]

Beachte weiter: *Die Mitbestimmung der Betriebsräte und die Mitbestimmung in den Aufsichtsräten treten in den betroffenen Gesellschaften* nebeneinander *auf.*

Lösung 46[2]

Die ArbNehmer verlangen den Lohn für den Himmelfahrtstag. Anspruchsgrundlage: § 611 BGB i. V. m. § 1 I des Gesetzes zur Regelung der Lohnzahlung an Feiertagen vom 2. 8. 1951 (Bundesgesetzblatt I S. 479). Danach ist der ArbGeber verpflichtet, für die Zeit, die infolge eines gesetzlichen Feiertages ausfällt, den ArbNehmern den Arbeitsverdienst zu zahlen, den sie ohne den Arbeitsausfall am Feiertag erhalten hätten. Der Himmelfahrtstag ist ein gesetzlicher Feiertag i. S. dieser Vorschrift. Ist aber die Arbeit an diesem Tage *infolge* des Himmelsfahrtstages ausgefallen? Der gesetzliche Feiertag muß die entscheidende Ursache für den Ausfall der Arbeit sein. In unserem Fall ist die

---

[1] Vgl. auch Hanau-Adomeit, ArbeitsR, 7. Aufl. 1983, D IV.
[2] Vgl. Urteil des BAG AP Nr. 2 zu § 56 BetrVerfG = BB 1957, 183 f.

Arbeitszeit durch A verlegt worden. Dies ist ein weiterer und vielleicht der allein entscheidende Grund dafür, daß an diesem Tag nicht gearbeitet wurde. Ist diese Arbeitszeitverlegung wirksam?

A hat sie einseitig, d.h. ohne Beteiligung des in seinem Betrieb bestehenden Betriebsrates vorgenommen. Nach § 87 I Nr. 2 BetrVerfG hat der Betriebsrat ein Mitbestimmungsrecht über Beginn und Ende der täglichen Arbeitszeit und über die Verteilung auf die Wochentage. Der ArbGeber kann eine solche Maßnahme also nur mit Zustimmung des Betriebsrates treffen. Kommt eine Einigung nicht zustande, muß gemäß § 87 BetrVerfG die Einigungsstelle verbindlich entscheiden.

Fallen auch Arbeitszeitverlegungen vorübergehender Natur unter § 87 BetrVerfG, bei kurzarbeitenden Betrieben also auch die *einmalige* Verlegung der Arbeitszeit von einem Tag auf den anderen? Diese Frage ist nach dem Sinn des Gesetzes zu beantworten. Wenn schon die Verlegung der regelmäßigen täglichen Arbeitszeit, also eine Änderung in den Arbeitsstunden, die die Arbeitstage unberührt läßt, als so wesentlich angesehen wird, daß der Betriebsrat mitzubestimmen hat, so gilt dies erst recht, wenn in einem nur einige Tage der Woche arbeitenden Betrieb diese Tage geändert werden. Durch eine solche Maßnahme werden Beginn und Ende der Arbeitszeit an einem Tag aufgehoben und für einen anderen Tag, an dem sonst überhaupt keine Arbeitszeit vorgesehen ist, neu festgesetzt. Dadurch wird die betriebliche Ordnung geändert. Die ArbNehmer werden auf Grund der bisherigen Übung vielleicht bestimmte Dispositionen getroffen haben, die nun durchkreuzt werden. Es ist daher richtig, solche Maßnahmen an die im Gesetz vorgesehene Mitbestimmung des Betriebsrates, der die Belegschaftsinteressen vertritt, zu binden.

Die Hinweise des ArbGebers sind verfehlt. Daß die ArbNehmer am Montag die Arbeit aufgenommen haben, kann man nicht als eine Zustimmung zu der Maßnahme des ArbGebers deuten. Sie werden vielmehr nur, um Unannehmlichkeiten zu vermeiden, gearbeitet haben und dabei der Ansicht gewesen sein, daß die auftretenden Rechtsfragen noch geklärt und entschieden werden müssen.

Nach dem BetrVerfG besteht auch nicht die Möglichkeit, daß

der ArbGeber den Betriebsrat übergeht und einfach die Belegschaft befragt oder gegen die Beschlüsse des Betriebsrates, mit denen er nicht einverstanden ist, an die Belegschaft appelliert (wie an eine höhere Instanz). Der Betriebsrat repräsentiert zwar die Betriebsbelegschaft, ist jedoch nicht an ihre Weisungen gebunden, und seine Beschlüsse können nicht von den Vertretenen aufgehoben werden. Auch im staatlichen Verfassungsrecht, in dem man am ehesten Parallelen suchen könnte, ist es ja nicht ohne weiteres möglich, daß ein Akt, für den das Parlament als Vertretung des Volkes zuständig ist, statt vom Parlament vom gesamten Volk selbst durch Abstimmung vorgenommen wird.

Im Arbeitsrecht kommt noch ein Weiteres hinzu: Die Mitglieder des Betriebsrates sind gemäß § 15 KSchG gegen Kündigungen weitestgehend geschützt, um bei ihrer Amtsausübung, die leicht zu Meinungsverschiedenheiten mit dem Arbeitgeber führen kann, die nötige Unabhängigkeit zu haben. Die einzelnen Belegschaftsmitglieder genießen einen solchen qualifizierten Kündigungsschutz nicht. Der ArbGeber könnte also Teile der Belegschaft leichter einschüchtern als etwa den Betriebsrat. Auch aus diesem Grunde kann die erforderliche Zustimmung des Betriebsrates nicht durch eine solche der Belegschaft ersetzt werden.

Es ist daher ohne Bedeutung, daß die Belegschaft tatsächlich am Montag gearbeitet hat. Die Arbeitszeitverlegung ist also nicht wirksam und wird als nicht erfolgt behandelt. Der Arbeitsausfall am Himmelfahrtstag ist folglich nicht auf die Maßnahme des ArbGebers, sondern auf den Feiertag zurückzuführen.

Wenn die ArbNehmer nun den Lohn für insgesamt 4 Tage erhalten, so beruht dies darauf, daß sie in der betreffenden Woche auch am Montag Arbeit geleistet haben, während nach der früheren Übung der Montag arbeitsfrei war. Die zusätzliche Montagsarbeit muß zusätzlich bezahlt werden.

A ist zur Zahlung der Feiertagsvergütung verpflichtet.

Lösung 47

1.

Gemäß § 15 I KSchG kann einem Betriebsratsmitglied nur dann gekündigt werden, wenn ein gesetzlicher Grund für eine fristlose Kündigung vorliegt. Dies soll den BR-Mitgliedern die nötige

Unabhängigkeit bei der Ausübung ihres Amtes, das sie evtl. in Gegensatz zum ArbGeber bringen kann, sichern. Wenn A seine Mitgliedschaft im Betriebsrat noch nicht verloren hat, kann er also nicht wegen Arbeitsmangels entlassen werden (für Betriebsstillegungen vgl. § 15 IV und V KSchG).[1] Ist A noch Betriebsratsmitglied?

a) Der Ausschluß aus dem Betriebsrat durch Beschluß der Mehrheit widerspricht § 23 I BetrVerfG, wonach nur das Arbeitsgericht einem Mitglied des Betriebsrates diese Eigenschaft aberkennen kann (§ 24 BetrVerfG). Das Gesetz will bei Streitigkeiten innerhalb des Betriebsrates ganz bewußt nicht der Mehrheit die Befugnis einräumen, die von der gesamten Belegschaft gewählten Mitglieder auszuschließen. Hierfür ist nur das unabhängige staatliche Gericht zuständig.

b) Ein Rücktritt des Betriebsrates ist gemäß § 13 II Nr. 3 BetrVerfG möglich. Bis zur Neuwahl führt jedoch der alte Betriebsrat die laufenden Geschäfte weiter (§ 22 BetrVerfG). Er ist also nach wie vor noch für die Wahrnehmung der Belegschaftsinteressen zuständig. Dies erfordert es, daß den BR-Mitgliedern auch in dieser Übergangszeit der gesetzliche Schutz gegen Entlassungen erhalten bleibt, damit nicht etwa der Arbeitgeber den Betriebsrat in dieser Zeit unter Druck setzen kann (vgl. auch § 24 BetrVerfG, wo die Gründe für die Beendigung der Mitgliedschaft aufgezählt sind, der Rücktritt des Betriebsrates aber nicht erwähnt wird).

Eine Kündigung des A wegen Arbeitsmangels ist daher ausgeschlossen.

2.

Fristlose Kündigung gemäß § 626 BGB[2] aus wichtigem Grund? Die Aufhetzung der Belegschaft, durch einen Streik die Entlassung der mit A verfeindeten Betriebsratsmitglieder zu erzwin-

---

[1] Ein Verstoß gegen § 15 I KSchG führt zur Nichtigkeit der Kündigung (BAG AP Nr. 5 zu § 13 KSchG 1951), vgl. auch Söllner, Grundr. d. ArbeitsR, 8. Aufl. 1984, § 37 I 2.

[2] Vgl. dazu BAG AP Nr. 2 zu § 13 KSchG 1969 und BAG AP Nr. 69 zu § 626 BGB. Zum ultima-ratio-Prinzip vgl. BAG AP Nr. 70 zu § 626 BGB und Münchener Kommentar-Schwerdtner, 1980, § 626, Rz. 21 ff. Zur Fristwahrung gem. § 626 II BGB vgl. Lieb, ArbeitsR, 2. Aufl. 1982, § 4, 3.

gen, ist verboten, da auch ein solcher Streik selbst rechtswidrig wäre. Der Streik wird zwar innerhalb gewisser Grenzen anerkannt, er ist innerhalb dieser Grenzen sogar als ein Ordnungsfaktor in unserer Wirtschaftsverfassung zu bezeichnen.[1] Hier ist der Streik jedoch weder von einem tariffähigen Verband ausgerufen worden, noch hat er ein kollektivrechtliches Ziel im Auge,[2] vor allem hat A gegen die Friedenspflicht der Betriebsratsmitglieder nach § 74 II BetrVerfG verstoßen. Dies ist zugleich auch ein schwerer Verstoß gegen seine Pflichten aus dem Arbeitsvertrag. Dem ArbGeber ist unter diesen Umständen die Weiterbeschäftigung des A nicht zuzumuten, die fristlose Entlassung ist daher gerechtfertigt.

Lösung 48

1. a) Fraglich ist, ob die Formvorschriften im Tarifvertrag konstitutiv wirken, also eine Abschlußnorm i. S. des § 1 I TVG darstellen oder ob sie nur deklaratorisch wirken (der schriftliche Vertrag also nur Beweisfunktion haben) soll. Gemeint ist wohl die konstitutive Wirkung.
Dann ist der abgeschlossene Vertrag nach § 125 S. 1 BGB nichtig, da die Tarifnorm für A und B gem. § 4 I S. 1 i. V. m. § 3 I TVG wie eine Gesetzesnorm wirkt.[3]
b) Wenn der Arbeitsvertrag nichtig ist, entsteht keine Bindung für die Zukunft, vielmehr ist die jederzeitige Lösung des Arbeitsverhältnisses möglich.
Soweit aber der ArbNehmer tatsächlich die Arbeit aufgenommen hat, werden die für ein wirksames Arbeitsverhältnis gelten-

---

[1] Vgl. auch die Verfassungsgarantie des Art. 9 III, S. 3 GG sowie Teil II, Art. 6 der Europäischen Sozialcharta von 1961.
[2] Vgl. zu den Voraussetzungen der Rechtmäßigkeit eines Streiks z. B. Zöllner, ArbeitsR, 3. Aufl. 1983, § 40 IV; Brox, Grundbegriffe d. ArbeitsR, 6. Aufl. 1983, Rz. 312 ff.; Lieb, ArbeitsR, 2. Aufl. 1982, § 7 I 2; Großmann-Schneider, ArbeitsR, 6. Aufl. 1982, Rz. 475; Hanau-Adomeit, ArbeitsR, 7. Aufl. 1983, C III 5; Schmid, Grundz. d. ArbeitsR, 1981, § 25 II 2 und Löwisch-Löwisch, ArbeitsR, 2. Aufl. 1980, S. 27 ff. Zur Aussperrung vgl. BAG AP Nr. 64–66 zu Art. 9 GG – Arbeitskampf – sowie Lieb, a. a. O., § 7 II.
[3] Vgl. Wiedemann-Stumpf, TVG, 5. Aufl. 1977, § 1, Rz. 203.

den Regeln angewendet (sog. „faktisches Arbeitsverhältnis"),[1] d.h. der Arbeitnehmer hat einen normalen Lohnanspruch und ist nicht auf den schwächeren Bereicherungsanspruch beschränkt. Es soll vermieden werden, daß jemand, der tatsächlich Arbeit geleistet hat, vielleicht ohne jede Vergütung bleibt, weil sich der Arbeitgeber auf den Wegfall der Bereicherung (§ 818 III BGB) beruft.
Da eine wirksame vertragliche Lohnvereinbarung fehlt, wird in entsprechender Anwendung von § 612 II BGB der „übliche" Lohn geschuldet, d.h. in der Regel der Tariflohn (strittig).

2. Sind solche Versetzungen in eine andere Abteilung überhaupt gestattet, werden sie vom sog. Direktionsrecht des ArbGebers gedeckt?
Grundsätzlich erfolgt die Einstellung der ArbNehmer für einen bestimmten Betrieb (Abweichungen können jedoch vereinbart werden). Ein Betriebswechsel kann dem ArbNehmer im allgemeinen also nicht ohne weiteres aufgezwungen werden (der Betrieb ist sein Arbeits- und Lebensbereich). Anderes gilt jedoch für Versetzungen in andere Abteilungen desselben Betriebes, da dies die Grundlage des Arbeitsvertrages unberührt läßt.[2]
Fraglich ist aber, ob Versetzungen ohne Zustimmung des Betriebsrates möglich sind. Die Mitbestimmung des Betriebsrates bei personellen Einzelmaßnahmen ist in den §§ 99 ff. BetrVerfG geregelt, die Mitwirkung bei Versetzungen in § 99 I, II BetrVerfG. (Der Betriebsrat muß der Versetzung zustimmen.) Der Betriebsrat hat die Möglichkeit, gemäß § 99 III BetrVerfG dem Arbeitgeber mitzuteilen, daß er die Zustimmung verweigert. Dieser kann dann beim Arbeitsgericht beantragen, die Zustimmung des Betriebsrates zu ersetzen. (Die Verweigerung der Zustimmung durch den Betriebsrat ist nur aus ganz bestimmten, in § 99 II BetrVerfG aufgeführten Gründen möglich.) § 95 III BetrVerfG gibt eine Legaldefinition für die Versetzung. Die Vereinbarung im Tarifvertrag geht über die Verweigerungsmöglichkeiten des Betriebsrates nach § 99 BetrVerfG hinaus. Die Klausel

---

[1] Vgl. dazu Hanau-Adomeit, ArbeitsR, 7. Aufl. 1983, F III 3; Lieb, ArbeitsR, 2. Aufl. 1982, § 1 II und Großmann-Schneider, ArbeitsR, 6. Aufl. 1982, Rz. 93 f. und 57.
[2] Vgl. Schmid, Grundz. d. ArbeitsR, 1981, § 5 I 3; für einen weiter gefaßten Begriff der Versetzung wohl Zöllner, ArbeitsR, 3. Aufl. 1983, § 48 II 2 d aa.

besagt wohl, daß die Verweigerung der Zustimmung generell möglich und nicht durch eine gerichtliche Entscheidung ersetzbar sein soll.
Eine solche tarifvertragliche Erweiterung der Mitwirkungsrechte des BR erscheint jedoch (ebenso wie eine Abweichung von den organisatorischen Regelungen des BetrVerfG) wegen des vorrangigen Interesses an einer einheitlichen Ausgestaltung der Betriebsverfassung unzulässig (alles sehr streitig).[1]

Beachte: *Für Kündigungen gilt eine Sonderregelung in § 102 VI BetrVerfG (wichtig). Vgl. im übrigen § 3 I und III BetrVerfG.*
Aufgrund der Unzulässigkeit der tarifvertraglichen Erweiterung der Mitwirkungsrechte des BR bei Versetzungen kann sich auch C auf den TV nicht berufen. Im übrigen gelten Klauseln mit betriebsverfassungsrechtlichem Inhalt (z. B. Einführung eines Zustimmungsrechts nach § 102 VI BetrVerfG) im gesamten Betrieb eines tarifgebundenen Arbeitgebers, also auch für die nicht tarifgebundenen Arbeitnehmer. (§ 3 II TVG)

Lösung 49

1.
B spricht eine sog. Änderungskündigung[2] aus (Kündigung des bisherigen Vertrages, verbunden mit dem Angebot, einen neuen Vertrag auf der Basis DM 17.50 pro Stunde abzuschließen). Da jedoch beide Vertragsparteien i. S. von § 3 I TVG tarifgebunden sind, gelten die Bestimmungen des TV über die Lohnhöhe gemäß § 4 I TVG zwingend für jeden zwischen A und B geschlossenen Vertrag. Eine Abweichung zu Ungunsten des Arbeitnehmers A ist gemäß § 4 III TVG unzulässig.
Der Austritt des B aus dem Verband ändert daran nichts, da gemäß § 3 III TVG die Tarifgebundenheit des B bis zum Ende des

---

[1] Vgl. dazu z.B. Hanau-Adomeit, ArbeitsR, 7. Aufl. 1983, D I 5 f.; Großmann-Schneider, ArbeitsR, 6. Aufl. 1982, Rz. 450, 561; Löwisch-Löwisch, ArbeitsR, 2. Aufl. 1980, S. 38; zum entsprechenden Problem bei der Kündigung Wiedemann-Stumpf, TVG, 5. Aufl. 1977, § 1, Rz. 238 ff.

[2] Vgl. Brox, Grundbegriffe d. ArbeitsR, 6. Aufl. 1983, Rz. 179; zum Kündigungsschutz bei der Änderungskündigung Zöllner, ArbeitsR, 3. Aufl. 1983, § 23 X; Großmann-Schneider, ArbeitsR, 6. Aufl. 1982, Rz. 356; Löwisch-Löwisch, ArbeitsR, 2. Aufl. 1980, S. 106; zur Massenänderungskündigung vgl. z. B. Hanau-Adomeit, ArbeitsR, 7. Aufl. 1983, C III 5. a.

TV bestehen bleibt. B muß also weiterhin DM 18.– pro Stunde bezahlen. Die Kündigung des B ist wegen Verstoßes gegen den Tarifvertrag unwirksam.

2.
Mit Ablauf des Tarifvertrages sind B und C gemäß § 3 III TVG nicht mehr tarifgebunden. Die Vorschriften über die Lohnhöhe gelten zwar weiter, können aber jetzt durch andere Abmachungen (§ 4 V TVG), also auch durch einzelvertragliche Abänderung des Lohnes ersetzt werden. Die Änderungskündigung des C ist jetzt also möglich. Diese Kündigung muß jedoch die Kündigungsfrist (§ 622 BGB) sowie die Kündigungsschutzbestimmungen beachten. Wenn C nicht mit der neuen Lohnhöhe einverstanden ist, endet – sofern die Kündigung wirksam ist – sein Arbeitsverhältnis mit Ablauf der Kündigungsfrist, anderenfalls kommt in diesem Zeitpunkt durch sein Einverständnis ein neuer Arbeitsvertrag mit dem neuen Lohn zustande.

3.
X möchte ebenso behandelt werden wie die organisierten Arbeitnehmer. Daß er die gleiche Arbeit leistet wie sie, rechtfertigt seinen Anspruch nicht. Aus den Vorschriften des TVG (§§ 1 ff.) ergibt sich, daß der Tariflohn nur den organisierten Arbeitnehmern zusteht.
Soll ein TV auch auf Nichtorganisierte erstreckt werden, ist gemäß § 5 TVG eine sog. Allgemeinverbindlicherklärung notwendig. (Fehlt es hieran, *kann* der ArbGeber mit nichtorganisierten ArbNehmern im Arbeitsvertrag vereinbaren, den (jeweiligen) Tariflohn zu zahlen; ein Anspruch auf Abschluß einer solchen Vereinbarung besteht aber nicht.) B handelt deshalb rechtmäßig, wenn er nur den vereinbarten Lohn und nicht den Tariflohn zahlt.[1]

4.
Dieses Ergebnis könnte sich ändern, wenn Y allen anderen Arbeitnehmern seines Werkes, selbst wenn sie nicht organisiert sind, den Tariflohn zahlt. Soweit das TVG nicht eingreift, haben

---

[1] Vgl. dazu Lieb, ArbeitsR, 2. Aufl. 1982, § 3 I 1 und Wiedemann-Stumpf, TVG, 5. Aufl. 1977, § 3, Rz. 125.

die Parteien grundsätzlich freie Hand in der Ausgestaltung der Arbeitsbedingungen. Hat X sich aufgrund individueller Verhandlungen zur Arbeitsleistung gegen einen Lohn von DM 17.40 pro Stunde verpflichtet, so muß er diesen Vertrag einhalten oder ggf. kündigen. Es gilt dann der Grundsatz der Vertragsfreiheit und nicht etwa der der Gleichbehandlung aller Arbeitnehmer im Betrieb.

Anders ist die Rechtslage allerdings, wenn in dem Werk des Y für den Lohn nicht organisierter Arbeitnehmer allgemeine, innerbetriebliche Richtlinien wie etwa eine interne Lohnordnung bestehen. Hier muß sich die Individualvereinbarung aufgrund des arbeitsrechtlichen Gleichbehandlungsgrundsatzes an der vom Arbeitgeber selbst aufgestellten generellen Regelung messen lassen. Der Arbeitgeber darf somit einzelne Arbeitnehmer nicht ohne sachlichen Grund von einer für eine Gruppe von Arbeitnehmern bestehenden, begünstigenden Regelung ausnehmen und sie schlechter stellen (umstritten).[1]

Beachte: *Der Gleichbehandlung aller im Betrieb beschäftigten Arbeitnehmer kommt u.a. dann große Bedeutung zu, wenn es um Leistungen des Arbeitgebers geht, die ohne besondere vertragliche Vereinbarung bisher allen ArbNehmern des Betriebes oder einer bestimmten Gruppe usw. gewährt worden sind (Gratifikationen usw.). Setzt der ArbGeber selbst eine solche Ordnung, nach der er diese Leistung verteilt, dann darf er keinen ArbNehmer, bei dem die Voraussetzungen (Zugehörigkeit zum Betrieb, zu der bestimmten Gruppe) vorliegen, ohne sachlichen Grund ausschließen. Hier sind vielmehr alle prinzipiell gleichzubehandeln.*

Beachte weiter: *§ 2 KSchG für die Änderungskündigung.*

[1] Vgl. dazu BAG NJW 1982, 461; Zöllner, ArbeitsR, 3. Aufl. 1983, § 17 III 5; Brox, Grundbegriffe d. ArbeitsR, 6. Aufl. 1983, Rz. 136; Wiedemann-Stumpf, TVG, 5. Aufl. 1977, § 3, Rz. 123.

Lösung 50[1]

1. Die Kündigung einer Schwangeren ist gemäß § 9 I S. 1 Mutterschutzgesetz unwirksam.[2]
Liegt eine Kündigung vor oder war das Arbeitsverhältnis der A auf 4 Wochen befristet, so daß es gemäß § 620 I BGB mit Zeitablauf ohne weiteres und ohne Rücksicht auf § 9 I MuSchG erlischt? Die letztere Regelung *kann* – soweit sachliche Gründe für eine Befristung vorliegen[3] – zwar von den Parteien vereinbart werden.
Dies entspricht aber im allgemeinen nicht dem Zweck eines sog. Probearbeitsverhältnisses, vielmehr wird meist ein Arbeitsverhältnis auf unbestimmte Zeit geschlossen.[4] Im vorliegenden Fall wird ja auch davon gesprochen, daß die „ersten vier Wochen" als Probezeit gelten sollen. Wäre die von F vertretene Ansicht richtig, hätte man sich wohl anders ausgedrückt, da dann nach Ablauf der Probezeit ein neuer Vertrag hätte geschlossen werden müssen.
Zur Beendigung des Arbeitsverhältnisses war somit eine Kündigung nötig, diese ist auch während einer Probezeit gemäß § 9 MuSchG unzulässig. Dieses Gesetz stellt die Interessen der schwangeren Arbeitnehmerin an der Erhaltung ihres Arbeitsplatzes eindeutig vor die Interessen des Arbeitgebers. Es entspricht dem Sinn des Gesetzes, wenn auch für die Probezeit keine Ausnahme hiervon zugelassen wird (bestritten).

2. Eine einverständliche Auflösung des Arbeitsverhältnisses würde nicht den Vorschriften des MuSchG unterliegen, da die-

---

[1] Vgl. die Entscheidungen des LAG Bremen in BB 1960, 743 und des BAG AP Nr. 26 zu § 620 BGB.

[2] Zu den Folgen einer Versäumung der Zweiwochen-Frist des § 9 I S. 1 MutterschutzG vgl. BVerfG NJW 1972, 158; NJW 1980, 824 f. = BB 1980, 208 f.; BB 1980, 1745 f.

[3] Vgl. zu den Zulässigkeitsvoraussetzungen einer Befristung BAG AP Nr. 10, 16, 33, 35, 38, 40–63 zu § 620 BGB; BAG NJW 1982, 1475 ff. u. 1478 f.; 1983, 838 u. 1443 ff. sowie Zöllner, ArbeitsR, 3. Aufl. 1983, § 21 I 3; Brox, Grundbegriffe d. ArbeitsR, 6. Aufl. 1983, Rz. 218.

[4] Vgl. dazu BAG AP Nr. 3 zu § 620 BGB – Probearbeitsverhältnis – = NJW 1959, 454 und BAG AP Nr. 15 zu § 620 – Probearbeitsverhältnis –. Vgl. aber auch BAG NJW 1982, 1173 f.

ses nur die Kündigung durch den Arbeitgeber verbietet. Wenn die Schwangere in die Aufhebung des Vertrages einwilligt oder selbst kündigt, besteht kein Anlaß, sie zu schützen.
Erforderlich für eine einverständliche Auflösung wäre ein Aufhebungsvertrag, also ein Angebot des F und eine Annahme der A. Die Erklärung des F war nicht als ein Vertragsangebot, auf das eine Antwort erwartet wird, gedacht. Sie war vielmehr eine einseitige Erklärung, die einer Antwort nicht bedarf. Deshalb ist sie als Kündigung anzusehen. Eine Umdeutung nach § 140 BGB in ein Vertragsangebot ist zwar nicht ausgeschlossen (im einzelnen umstritten), hier kommt es darauf aber nicht an. Es fehlt jedenfalls an der entsprechenden Annahmeerklärung der A. Das Unterlassen eines sofortigen Widerspruchs ist keinesfalls als konkludente Einverständniserklärung anzusehen. Schon gemäß §§ 3 und 6 KSchG hat der Arbeitnehmer 3 Wochen Zeit, eine Klage auf Feststellung der Unwirksamkeit der ausgesprochenen Kündigung zu erheben. Dieses Recht würde illusorisch, wenn man im Unterlassen eines sofortigen Widerspruches das Einverständnis zur vertraglichen Aufhebung des Arbeitsvertrages sehen wollte. Entsprechendes muß erst recht dann gelten, wenn die Kündigung wegen Verstoßes gegen § 9 MuSchG unwirksam und sogar ohne Einhaltung der 3-Wochenfrist des KSchG gerichtlich anfechtbar ist. Dem Arbeitnehmer muß in jedem Fall eine hinreichende Zeit verbleiben, um sich zu überlegen, was er tun soll.

3. Wenn das Arbeitsverhältnis durch Anfechtung und nicht durch Kündigung beendet wird, greift die Schutzvorschrift des § 9 MuSchG nicht ein. Daß ein Arbeitsverhältnis auch durch Anfechtung beendet werden kann, ist heute weithin anerkannt. Die Anfechtung des Vertrages mit einem bereits in den Betrieb des Arbeitgebers eingegliederten Arbeitnehmer wirkt aber nur für die Zukunft. Die Gründe für eine Anfechtung müssen in der Zeit vor Abschluß des Arbeitsvertrages liegen.
Die Kündigung wird hingegen wegen eines im Verlauf des Arbeitsverhältnisses eingetretenen Ereignisses ausgesprochen. Ein weiterer Unterschied zwischen einer Auflösung durch Anfechtung und der durch Kündigung liegt darin, daß die Vorschriften für die Kündigung von Arbeitsverträgen prinzipiell nicht an-

wendbar sind, wenn ein Anfechtungsgrund vorliegt und der Arbeitgeber deshalb anficht (vieles streitig).[1]
Hier ist die Anfechtung gemäß § 119 II BGB wegen Irrtum über eine verkehrswesentliche Eigenschaft zu prüfen.
Die Schwangerschaft kann nicht generell als Anfechtungsgrund i. S. des § 119 II BGB anerkannt werden, weil sonst in vielen Fällen der Zweck des MuSchG, der Schwangeren den Arbeitsplatz zu erhalten, vereitelt würde. In der Regel wird daher eine solche Anfechtung durch das MuSchG ausgeschlossen sein.
Anders ist aber dann zu entscheiden, wenn sich die Schwangerschaft gerade auf das betreffende Arbeitsverhältnis nachhaltig auswirkt, wenn also die schwangere Arbeitnehmerin die vertraglich zugesagten Arbeiten nicht wahrnehmen kann. Dies gilt vor allem etwa für die Schwangerschaft von Bühnenkünstlerinnen, Mannequins, aber auch dann, wenn die Schwangere nach dem Arbeitsvertrag Arbeiten verrichten soll, die § 4 MuSchG Schwangeren gerade generell verbietet[2] (Einzelheiten bestritten). Das letztere könnte in unserem Fall wohl zutreffen, da die Beschäftigung in der Versandabteilung einer Nähmaschinenfabrik mit dem Heben und Bewegen größerer Lasten verbunden sein kann.
Die Anfechtung wird jedoch im vorliegenden Fall daran scheitern, daß F sie nicht unverzüglich (§ 121 BGB) vorgebracht hat. Eine Anfechtung während des Prozesses kommt zu spät.
Eine Umdeutung der Kündigung in eine Anfechtung (§ 140 BGB) dürfte zweifelhaft sein. Hiergegen spricht vor allem, daß F die A erst mit Ablauf der Probezeit entlassen wollte. Die Anfechtung hätte das Arbeitsverhältnis sofort aufgelöst. Für die Weiterbeschäftigung bis zum Ende der Probezeit hätte ein neuer Vertrag abgeschlossen werden müssen.

4. Hier käme eine Anfechtung wegen arglistiger Täuschung gemäß § 123 I BGB in Frage. Eine solche Anfechtung ist während eines Jahres (§ 124 BGB) möglich.

---

[1] Vgl. dazu Zöllner, ArbeitsR, 3. Aufl. 1983, § 11 II 1 b; Schmid, Grundz. d. ArbeitsR, 1981, § 2 III 3 und § 3 III (Fall 2) und Söllner, Grundr. d. ArbeitsR, 8. Aufl. 1984, § 28 II 2 (S. 242 f., Fußnote 20). Zu beachten ist, daß Rechtsfolge der Anfechtung eines Arbeitsvertrages entgegen § 142 I BGB nicht Nichtigkeit ex tunc, sondern lediglich Nichtigkeit ex nunc ist.
[2] Vgl. auch BAGE 11, 270 (272 f.); Schmid, Grundz. d. ArbeitsR, 1981, § 2 III 3 a.

Eine arglistige Täuschung durch A läge jedoch nur dann vor, wenn sie bei der Einstellung ihren Zustand gekannt und A bewußte eine unwahre Antwort gegeben hat. Ob sie ihren Zustand gekannt hat, ist nicht gesagt. Da sie damals erst im zweiten Monat schwanger war, ist es durchaus möglich, daß sie davon nichts wußte. Nimmt man an, die A habe den F bewußt belogen, wäre eine arglistige Täuschung zu bejahen. Die A war verpflichtet, die Wahrheit zu sagen und ihren Zustand offenzulegen.[1] In diese Richtung deutet § 5 MuSchG. Vor allem aber gilt allgemein der Grundsatz, daß dann, wenn zwei Personen in Vertragsverhandlungen stehen und die eine erkennt, daß ihr Partner auf bestimmte Tatsachen Wert legt und bei Kenntnis dieser Tatsachen den Vertrag nicht schließen würde, eine entsprechende Aufklärung zu geben ist. F war wegen der Art seines Betriebes an dem Zustand der A interessiert, seine ausdrückliche Frage machte dies auch für die A eindeutig erkennbar. Man kann auch – im Gegensatz zu den Ausführungen in Frage 3 – nicht sagen, die Anfechtung nach § 123 sei sinngemäß durch das MuSchG ausgeschlossen. Das MuSchG will der Schwangeren den Arbeitsplatz erhalten, nicht aber ihr einen solchen erst verschaffen. Es gewährt daher kein Recht, sich einen Arbeitsplatz durch unwahre Erklärungen zu erschleichen. F ist also zur Anfechtung berechtigt. (Alles sehr bestritten.)[2]

---

[1] Vgl. zum Fragerecht des Arbeitgebers Söllner, Grundr. d. ArbeitsR, 8. Aufl. 1984, § 28 II 3; Hanau-Adomeit, ArbeitsR, 7. Aufl. 1981, F III 2. und Schmid, Grundz. d. ArbeitsR, 1983, § 2 III 3 b.

[2] Vgl. BAG AP Nr. 15 zu § 123 BGB = NJW 1962, 74 f.; BAG AP Nr. 19 zu § 123 BGB und Schmid, Grundz. d. ArbeitsR, 1981, § 2 III 3 b.
Zu beachten ist, daß das Arbeitsverhältnis nichtig ist, wenn es eine Beschäftigung betrifft, die das Gesetz werdenden Müttern untersagt (§ 4 MuSchG). Vgl. dazu BAGE 3, 309 ff. = AP Nr. 2 zu § 4 MuSchG.

Anhang

Ausführlichere, nach der Anspruchsmethode aufgebaute Lösungen (für Studierende der Rechtswissenschaft)

Lösung 1[1]

Frage 1 a

K ist gem. §433 II BGB zur Abnahme der Ware verpflichtet, wenn zwischen ihm und V ein Kaufvertrag zustande gekommen ist.

Das setzt ein Angebot einer der beiden Personen zum Abschluß des Kaufvertrages und die Annahme dieses Angebotes durch die andere Partei voraus, §§145 ff. BGB.

V könnte das Vertragsangebot abgegeben haben, indem er den Brief an K sandte.

I. Vorliegen eines Vertragsangebotes

Das Vertragsangebot – eine Erklärung, die auf eine Rechtsfolge, hier auf den Abschluß eines Kaufvertrages, gerichtet ist – stellt eine Willenserklärung[2] dar. Es muß so bestimmt sein, daß es mit bloßem „Ja" angenommen werden kann. V hat in seinem Brief, den er an K sandte, den Antrag zum Abschluß eines Kaufvertrages erklärt. Hierin liegt eine auf den Vertragsabschluß gerichtete Willenserklärung und damit ein Vertragsangebot.

II. Wirksamkeit des Vertragsangebotes

Das Vertragsangebot muß wirksam werden.

Hieran könnte es fehlen, weil das in dem Brief enthaltene Angebot nicht bei K angekommen ist.

1. Zu prüfen ist deshalb, ob das Vertragsangebot (= die Willenserklärung) gem. § 130 I BGB „*zugehen*" mußte. Dann muß diese Willenserklärung einem anderen gegenüber abzugeben sein.

---

[1] Jede Lösung, in der es um einen Anspruch geht, beginnt mit der Vorüberlegung: „Wer verlangt von wem was woraus?" Vgl. zum Aufbau eines juristischen Gutachtens im Anspruchsystem: Medicus, Bürgerliches Recht, 11. Aufl., 1983, §§1, 2, Rz. 1 ff. Zu typischen Fehlern bei juristischen Gutachten: Tschepe-Vossen, JA 1972, 211.

[2] Vgl. zum Begriff der Willenserklärung Köhler, BGB Allg. Teil, 18. Aufl. 1983, § 13 I; Larenz, Allgemeiner Teil, 6. Aufl. 1983, § 18 I und § 19 I.

Gem. § 145, 1. HS. BGB ist die Schließung eines Vertrages einem anderen anzutragen. Sie muß folglich einem anderen gegenüber abgegeben werden.

2. Weiterhin erfordert § 130 I BGB, daß die Willenserklärung in Abwesenheit des K abgegeben wurde. Dies ist wegen des brieflichen Angebotes des V der Fall.[1]

3. Fraglich ist, ob diese Willenserklärung dem K zugegangen ist. Dies trifft dann zu, wenn die Erklärung derart in den Bereich des Empfängers gelangt ist, daß dieser nach den gewöhnlichen Umständen von ihr Kenntnis nehmen konnte.[2]

Die in dem Brief verkörperte Willenserklärung ist bei K nicht angekommen und somit nicht in dessen Bereich gelangt. Damit steht fest, daß die Willenserklärung nicht zugegangen ist.
Das Vertragsangebot des V ist folglich nicht wirksam.
Ein Kaufvertrag (§ 433 BGB) zwischen V und K ist nicht zustande gekommen.
V hat somit gegen K keinen Anspruch gem. § 433 II BGB auf Abnahme der Ware.

Frage 1 b
Hier ist das oben unter II.1. erörterte Merkmal des Zugangs einer Willenserklärung gem. § 130 I BGB erfüllt.
Weitere Voraussetzung für das Zustandekommen eines Kaufvertrages ist, daß das Angebot vollinhaltlich und rechtzeitig gem. §§ 146 ff. BGB von K angenommen worden ist.
Die Annahme ist ebenso wie das Angebot eine auf eine Rechtsfolge gerichtete Erklärung.
K hat sich noch nicht entschieden und deshalb noch nicht geantwortet. Er hat nichts erklärt, weder ausdrücklich noch konkludent. Eine stillschweigende Willenserklärung allein im Hinblick auf die früher abgeschlossenen Kaufverträge kann nicht angenommen werden.
Zu prüfen ist, ob sich eine Annahme aus § 151 BGB ergibt. § 151

---

[1] Vgl. zum Begriff des Abwesenden § 147 BGB, der die Annahmeerklärung betrifft.
[2] nicht: Kenntnis genommen hat! Vgl. Palandt-Heinrichs, BGB, 43. Aufl. 1984, § 130, Anm. 3 a, b; Erman-Brox, BGB, 7. Aufl. 1981, § 130, Rz. 6 ff.; Medicus, Bürgerliches Recht, 11. Aufl. 1983, Rz. 46.

BGB verzichtet aber nicht auf die Willenserklärung (= Annahme) überhaupt, sondern nur auf die Abgabe der Willenserklärung „dem Antragenden gegenüber“ und damit auf den Zugang. Somit führt auch § 151 BGB nicht zur Annahme des Angebotes im vorliegenden Fall.
Eine solche Annahme könnte sich vielleicht aus § 362 HGB ergeben. Dann müßte K Kaufmann sein. Dies ist aber nicht der Fall. Ein Kaufvertrag ist folglich nicht zustande gekommen.
Ein Anspruch des V gegen K auf Abnahme der Ware gem. § 433 II BGB besteht nicht.

Frage 1 c
K muß die Textilien annehmen gem. § 433 II BGB, wenn er von V diese Sachen gekauft hat.
Ein Kaufvertrag kommt – wie erwähnt – durch ein Angebot und dessen Annahme zustande. V hat dem K ein Angebot gemacht. Dieses müßte K angenommen haben. Die Annahme ist eine empfangsbedürftige Willenserklärung. Da dem V eine Willenserklärung des K nicht zugegangen ist, könnte es schon deshalb an einer Annahme fehlen. Jedoch erklärt § 151 S. 1 BGB den Zugang der Annahme für entbehrlich, wenn eine solche Erklärung nach der Verkehrssitte nicht zu erwarten ist. Man könnte versucht sein, dies hier wegen der wiederholten Textilkäufe des K bei V anzunehmen. Dann müßte aber K die Annahme zumindest erklärt haben. Dies ist jedoch gerade nicht der Fall. Er wollte ablehnen.
Ein Anspruch auf Abnahme der Textilien gem. § 433 II BGB besteht daher nicht.

Frage 2
Der Anspruch des K gegen V auf Lieferung der Ware gem. § 433 I BGB setzt einen zwischen diesen Personen zustande gekommenen Kaufvertrag voraus.

I. Das mit Zugang bei K (§ 130 I BGB) wirksam gewordene Angebot des V müßte K vollinhaltlich und rechtzeitig angenommen haben (§§ 146 ff. BGB).

1. Die Annahme (eine empfangsbedürftige Willenserklärung) bedarf zu ihrer Wirksamkeit gem. § 130 I BGB des Zugangs bei

V. Die von K erklärte Annahme ist nicht in den Bereich des V gelangt, so daß sie diesem nicht zugegangen ist.

2. Der Zugang könnte aber gem. § 151 BGB entbehrlich sein, wenn eine entsprechende Verkehrssitte besteht. Das kann hier nicht festgestellt werden.

3. Der Zugang der Willenserklärung ist weiterhin entbehrlich, wenn V auf ihn verzichtet hat. In seinem Angebot ist ein solcher Verzicht nicht enthalten. Auch kann aus den Umständen, daß V und K wiederholt solche Geschäfte abgeschlossen haben, nicht auf einen konkludent erklärten Verzicht geschlossen werden. Somit ist die Annahmeerklärung des K nicht wirksam geworden.

II. Könnte der Kaufvertrag gleichwohl dadurch zustande kommen, daß K seine Erklärung wiederholt und diese dem V zugeht?
Diese (zweite) Erklärung kann nur dann als Annahme des alten Vertragsangebotes angesehen werden, wenn sie rechtzeitig erfolgt. Davon kann aber nach § 147 II BGB gerade nicht ausgegangen werden. Das Angebot des V ist nicht mehr annahmefähig.
Die Erklärung des K stellt aber gem. § 150 I BGB ein neues Angebot dar und könnte von V angenommen werden. V hat jedoch weder eine Annahme ausdrücklich erklärt noch eine konkludente Annahmeerklärung (z. B. durch Ausführung der Bestellung) abgegeben, da ihn das Geschäft reut. Folglich ist das Angebot des K nicht angenommen worden. Ein Kaufvertrag ist nicht zustande gekommen.
Somit besteht kein Anspruch des K gegen V gem. § 433 I BGB auf Lieferung der Ware.

Lösung 15

Frage 1

I. Rückübertragung des Besitzes

1. Der Vormund könnte von K gem. § 985 BGB die Wiedereinräumung des Besitzes an dem Grundstück verlangen.
a) Da er selbst nicht Eigentümer des Grundstücks ist, kann er den Anspruch für V geltend machen, wenn er als dessen Vertreter auftritt und Vertretungsmacht hat.

aa) Es kann unterstellt werden, daß der Vormund in dieser Eigenschaft und damit als gesetzlicher Vertreter des V gem. §§ 1896, 1793 BGB aufgetreten ist.
bb) Der Vormund wurde für V wirksam bestellt, weil V geisteskrank war und deshalb entmündigt worden ist, §§ 1896 f., 1774 ff. BGB, §§ 35 ff. FGG. Die Vormundschaft umfaßt gem. §§ 1897, 1793 BGB die Sorge für das Vermögen des Mündels, also auch für Ansprüche z. B. auf Rückgabe von Sachen.
b) Der Vormund kann somit von K die Besitzübertragung – und zwar wegen § 1793 BGB an sich selbst – verlangen, wenn V Eigentümer des Grundstücks ist.
aa) V hatte ursprünglich Eigentum, könnte es aber an K verloren haben. Dies setzt eine Übereignung des Grundstücks von V an K gem. §§ 873, 925 BGB voraus.
V und K haben sich über den Eigentumsübergang am 1. 8. geeinigt. Die Einigung ist somit zustande gekommen. Fraglich ist jedoch ihre Rechtswirksamkeit, da V im Zeitpunkt der Einigung geisteskrank war. Gem. §§ 105 I, 104 Nr. 2 BGB steht ein Geisteskranker, der sich in einem die freie Willensbildung ausschließenden Zustand krankhafter Störung der Geistestätigkeit befindet, einem Geschäftsunfähigen bei der Abgabe einer Willenserklärung gleich. Ein Geschäftsunfähiger kann gem. § 105 I BGB keine wirksame Willenserklärung abgeben.
Unter einer Willenserklärung versteht man die Bekundung eines rechtserheblichen, d. h. auf eine Rechtsfolge gerichteten Willens.
Die Einigungserklärung des V stellt ein Angebot zur Übereignung des Grundstücks und damit die Bekundung eines rechtserheblichen Willens dar. Eine solche Willenserklärung konnte V wegen seiner Geisteskrankheit nicht wirksam abgeben. Eine Einigung, d. h. ein Einigungsvertrag ist deshalb mit K nicht wirksam zustande gekommen.
K ist somit nicht Eigentümer des Grundstücks geworden.
bb) Er könnte aber, da er von der Geisteskrankheit des V nichts wußte, gutgläubig das Eigentum erlangt haben gem. §§ 873, 925, 892 BGB. Gemäß § 892 BGB gilt der Inhalt des Grundbuchs zugunsten des K als richtig. V war im Grundbuch als Eigentümer eingetragen. Dies entsprach der Rechtslage. Hingegen sagt das Grundbuch nichts über die Willensfähigkeit des V

aus. Ein etwaiger guter Glaube des K an die Geschäftsfähigkeit des V wird nicht gem. § 892 BGB geschützt. K hat folglich das Grundstück des V nicht gutgläubig erwerben können. V ist somit Eigentümer geblieben.
Da K Besitzer des Grundstücks ist, sind die Voraussetzungen des § 985 BGB gegeben.
c) Dem Herausgabeanspruch des V könnte aber § 986 BGB entgegenstehen, wenn K ein Recht zum Besitz gegenüber V hat.
Ein solches Recht könnte sich aus dem Kaufvertrag ergeben, den V und K am 1.3. abgeschlossen haben. Dann müßte dieser Kaufvertrag aber wirksam sein.
Da V schon am 1.3. geisteskrank war, konnte er gem. §§ 105 I, 104 Nr. 2 BGB auch an diesem Tag keine wirksame Willenserklärung abgeben. Es fehlt somit an einem wirksamen Kaufvertrag, weshalb K gegenüber V kein Recht zum Besitz an dem Grundstück hat.
K muß somit dem Vormund den Besitz an dem Grundstück zurückübertragen.

2. Der Anspruch auf Herausgabe des Besitzes könnte sich ferner aus § 812 I S. 1, 1. Alt. BGB ergeben. Dies setzt voraus, daß K von V „etwas" durch Leistung des V ohne rechtlichen Grund erlangt hat. Etwas i.S.d. § 812 BGB ist jeder Vermögensvorteil, wozu auch die Besitzposition des K gehört. Diesen Besitz hat K von V und damit durch dessen Leistung als tatsächliche Zuwendung erlangt. Da – wie oben dargestellt wurde – der Kaufvertrag unwirksam ist und auch keine sonstige rechtliche Grundlage für diese Vermögensverschiebung vorliegt, geschah die Besitzeinräumung ohne rechtlichen Grund. K hat folglich gem. § 812 I S. 1, 1. Alt. BGB an den Vormund den Besitz an dem Grundstück zurückzuübertragen (wobei er Zug um Zug die Rückzahlung des Kaufpreises verlangen kann).

II. Wiedererlangung der Grundbuchposition
Kann V, vertreten durch den Vormund, fordern, daß er wieder ins Grundbuch eingetragen wird?

1. Der Anspruch des V, vertreten durch den Vormund, von K die Zustimmung zur Berichtigung des Grundbuches zu verlangen, könnte sich aus § 894 BGB ergeben.

Dann muß das Grundbuch unrichtig geworden sein, d.h. sein Inhalt muß im Widerspruch stehen zur materiellrechtlichen Rechtslage.
K ist im Grundbuch als Eigentümer eingetragen (vgl. §§ 13, 19, 20, 29, 39 GBO), obwohl V Eigentümer des Grundstücks geblieben ist. Das Grundbuch ist folglich unrichtig.
V kann somit von K Zustimmung zur Grundbuchberichtigung gem. § 894 BGB verlangen.

2. Der gleiche Anspruch ergibt sich aus § 812 I S. 1, 1. Alt. BGB, da K von V durch dessen Leistung die Grundbuchposition (wichtig wegen § 892 BGB!) als „etwas" ohne rechtlichen Grund erlangt hat.

Frage 2
I. Anspruch des K gegen V
K könnte von V gem. § 433 II BGB die Übereignung des Grundstücks verlangen.
Dies setzt den Abschluß eines wirksamen Kaufvertrages voraus.

1. V und K haben sich am 1.3. über den Verkauf des Grundstücks geeinigt. V war zu diesem Zeitpunkt noch nicht geisteskrank, so daß diese Einigung auch wirksam zustande kam.

2. Der Anspruch auf Übereignung des Grundstücks darf nicht bereits durch Erfüllung, § 362 BGB, erloschen sein.
Da V am 1.8. geisteskrank war, ist die an diesem Tag erklärte Einigung über die Übertragung des Eigentums am Grundstück gem. §§ 105 I, 104 Nr. 2 BGB unwirksam. Eine Übereignung und damit eine Erfüllung des Kaufvertrages liegen noch nicht vor. K kann somit von V gem. § 433 II BGB die Übereignung des Grundstücks verlangen. Die Einigungserklärung des V muß der Vormund als dessen gesetzlicher Vertreter (§§ 1897, 1793 BGB) gegenüber K abgeben.

II. Anspruch des V gegen K
1. V könnte von K gem. § 985 BGB Herausgabe des Besitzes an dem Grundstück verlangen, da V noch Eigentümer ist (s. Frage 1). Da K wegen des wirksam abgeschlossenen Kaufvertrages dem V gegenüber zum Besitz berechtigt ist, steht dem jedoch § 986 I BGB entgegen. Außerdem würde V arglistig handeln,

wenn er etwas herausverlangt, was er (aufgrund des gültigen Kaufvertrages) sogleich zurückgeben müßte.

2. Ein Anspruch gem. § 812 I S. 1, 1. Alt. BGB auf Herausgabe des Besitzes besteht nicht, weil mit dem (wirksamen) Kaufvertrag ein rechtlicher Grund für die Vermögensverschiebung gegeben ist.

Lösung 30[1]

Frage 1

Es ist zu prüfen, ob K von V Lieferung und Übereignung eines Vervielfältigungsapparates Marke XY Typ A 5b gem. § 433 II BGB verlangen kann.

I. Ein hierüber abgeschlossener wirksamer Kaufvertrag liegt vor.

II. Dem Anspruch könnte aber die rechtsvernichtende Einwendung der Erfüllung gem. § 362 I BGB entgegenstehen.

1. Dann müßte V den bestellten Apparat geliefert und an K übereignet haben.

Das ist zwar nicht der Fall; zu prüfen ist aber, ob sich K noch auf den Lieferungsanspruch des § 433 II BGB berufen kann, weil V ihm einen ähnlichen Apparat geliefert hat, der für die Vervielfältigung ebenfalls eingesetzt werden kann. V hat ihm damit zwar ein sog. aliud geliefert; dieses ist aber zu den von K verfolgten Zwecken verwendbar. Dies könnte gem. §§ 378, 377 HGB erheblich sein, weil die gelieferte andere Sache als bestellte gilt, wenn es sich um ein sog. genehmigungsfähiges aliud handelt und der Käufer dieser Lieferung nicht widersprochen hat. Die §§ 377, 378 HGB setzen einen beiderseitigen Handelskauf voraus. Ein solcher liegt gem. §§ 343, 344 HGB dann vor, wenn auf beiden Seiten Kaufleute auftreten und das Geschäft beiderseits zum Betriebe eines Handelsgewerbes gehört.

Wer Kaufmann ist, regeln die §§ 1 ff. HGB. Der Steuerberater fällt nicht hierunter, weil er weder ein Grundhandelsgewerbe i. S. d. § 1 II HGB betreibt, noch einen Betrieb unterhält, der in kaufmännischer Weise eingerichtet sein muß.

---

[1] Zu weiteren Klausuren zum Handelskauf vgl. Hadding, Die HGB-Klausur, 1980, § 8, Fälle 12 f.

2. Die §§ 377, 378 HGB sind deshalb allenfalls analog anwendbar. Gegen eine solche Analogie spricht aber, daß handelsrechtliche Vorschriften, insbesondere wenn sie einen beiderseitigen Handelskauf voraussetzen, Spezialnormen sind, die nicht auf andere Fälle analog angewendet werden können. Damit aber scheidet eine analoge Anwendung der §§ 377, 378 HGB aus.
K hat folglich seinen Erfüllungsanspruch gem. § 433 II BGB nur dann verloren, wenn er der Lieferung nachträglich ausdrücklich zustimmt. Das ist aber nicht ersichtlich. Er kann folglich die Lieferung des von ihm bestellten Apparates verlangen.

Frage 2
Das Versandhaus könnte einen Anspruch auf Lieferung des bestellten Apparates gem. § 433 I BGB haben.

I. Ein Kaufvertrag wurde zwischen V und K wirksam abgeschlossen.

II. Fraglich ist, ob der Anspruch des K durch die Lieferung und Übereignung des ähnlichen Apparates gem. § 362 BGB erloschen ist.

1. Dann müßte V seine vertraglichen Pflichten aus § 433 I BGB erfüllt haben. V hat nicht den bestellten, sondern einen anderen Apparat geliefert.

2. Diese Lieferung, die nicht der bestellten entspricht, steht aber unter den Voraussetzungen der §§ 377, 378 HGB der vertraglich geschuldeten gleich, wenn es sich um ein sog. genehmigungsfähiges aliud handelt.
a) Dann muß der Kauf ein beiderseitiges Handelsgeschäft darstellen.
V und K sind Kaufleute i. S. d. § 1 II Nr. 1 i. V. m. § 1 I HGB. Das abgeschlossene Geschäft gehört zum Betriebe des beiderseitigen Handelsgewerbes, §§ 343, 344 HGB. Der Kaufvertrag ist folglich für beide Teile ein Handelsgeschäft.
b) Die von V gelieferte Ware weicht nicht so erheblich von der bestellten ab, daß nicht mit einer Genehmigung durch den Käufer gerechnet werden konnte.
Gem. §§ 378, 377 HGB hätte K die Ware unverzüglich auf ihre Übereinstimmung mit der gekauften untersuchen und die

Falschlieferung dem V anzeigen müssen. Da er dies nicht getan hat, gilt die gelieferte Sache als genehmigt, §§ 378, 377 HGB. Damit hat V den Lieferungsanspruch des K gem. § 433 I BGB, §§ 378, 377 HGB erfüllt (§ 362 BGB). Ein Anspruch des K auf Lieferung des bestellten Apparates gem. § 433 I BGB besteht somit nicht mehr.

Register

(Zahlen = Seiten des Buches)